AF474173

PRÉCIS

DE CE QUI S'EST PASSÉ EN 1815,

DANS LES DÉPARTEMENTS

DU GARD ET DE LA LOZÈRE.

DE L'IMPRIMERIE DE L. G. MICHAUD.

PRÉCIS

DE CE QUI S'EST PASSÉ EN 1815,

DANS LES DÉPARTEMENTS

DU GARD ET DE LA LOZÈRE,

ET RÉFUTATION

DE PLUSIEURS DES PAMPHLETS QUI ONT DÉFIGURÉ CES ÉVÉNEMENTS.

PAR M. LE COMTE RENÉ DE BERNIS,

COMMISSAIRE-EXTRAORDINAIRE DU ROI A CETTE ÉPOQUE.

Fais ce que dois, adviens que pourra.

A PARIS,

CHEZ L. G. MICHAUD, IMPRIMEUR-LIBRAIRE,

RUE DES BONS-ENFANTS, N°. 34.

M. DCCC. XVIII.

PRÉCIS

DE CE QUI S'EST PASSÉ EN 1815,

DANS LES DÉPARTEMENTS

DU GARD ET DE LA LOZÈRE,

ET RÉFUTATION

DE PLUSIEURS PAMPHLETS QUI ONT DÉFIGURÉ CES ÉVÉNEMENTS.

Un nouveau système de persécution contre les royalistes paraît être adopté et suivi avec une déplorable affectation. Depuis quelque temps surtout, des pamphlets qui leur attribuent tous les crimes et les malheurs de la révolution, qui contiennent des personnalités aussi odieuses que mensongères, sont imprimés impunément et distribués avec la plus grande profusion.

Un homme sans reproche peut mépriser la calomnie ; il peut, fort du témoignage de sa conscience, ne répondre aux injures que par le silence ; il peut, opposant, pour toute défense, sa vie politique et les habitudes de sa vie privée, attendre que l'opinion publique fasse justice des calomniateurs ; mais lorsqu'à ces diatribes on joint des imputations, non de fautes, mais de crimes atroces ; lorsque des libellistes audacieux vont jusqu'à écrire que ce silence est un *aveu que l'histoire doit recueillir* (1), l'indignation monte à son comble ; et l'honnête homme, quelque répugnance qu'il éprouve à entretenir de lui le public, doit entrer en lice et repousser ces misérables. C'est la position où je me trouve.

Ma vie est à mon Roi : je l'ai exposée pour son service, et je n'ai fait que mon devoir ; mais mon honneur est le patrimoine de mes enfants ; je le leur transmettrai sans tache, comme je l'ai reçu de mes pères.

Je veux rétablir la vérité, relativement aux événements qui ont eu lieu dans le département du Gard, pendant les mois de juin et juillet 1815 ; événements que ces pamphlétaires ont défigurés avec une impudence trop commune dans le siècle où nous vivons, et qui serait plus rare si elle n'était l'instrument habituel d'un parti qui veut renaître, ou plutôt se soutenir comme un

---

(1) Expressions de la Bibliothèque historique, 1er. volume, 4e. cahier.

rival de la cause du trône légitime. La tactique de ces écrivains est affreuse, et je la dévoilerai.

La lutte qui n'a pas été long-temps prolongée dans le midi de la France, entre les partisans de la royauté et ceux de la république, ou de Napoléon, ou du fantôme d'empereur qu'on avait ensuite adopté à Paris, a fait couler du sang. Ces libellistes se sont emparés des faits ; ils les ont arrangés comme il leur convenait : sous leurs plumes mensongères, ceux qui ont péri sont devenus d'innocentes victimes dévouées aux vengeances de leurs persécuteurs ; ils ont détaillé les différents genres de mort que ces hommes auraient subie, avec cet esprit inventif qui ne peut appartenir qu'à ceux qui auraient été capables de commettre de pareils crimes. Enfin, ils auraient manqué leur but, s'il leur eût échappé de supposer hypocritement une guerre religieuse et une persécution à cause de la croyance.

Mais ils n'ont pas dit que la révolte et la trahison ont été plus odieuses après le 20 mars, dans le département du Gard, que partout ailleurs dans la France; ils n'ont pas dit que la convention de la Pallud, par laquelle Monseigneur le duc d'Angoulême a dévoué sa personne, pour obtenir que les braves volontaires royaux qui avaient marché sous ses ordres pussent rentrer paisiblement dans leurs foyers, a été violée aussitôt qu'elle a été consentie; ils n'ont pas dit que ce prince a été arrêté au pont Saint-Esprit; qu'on avait prémédité de l'assassiner entre Nîmes et le pont de Lunel. Ils n'ont pas dit que ces volontaires royaux ont été maltraités, pillés, massacrés sur toutes les routes qu'ils ont parcourues, sur la foi de cette convention qu'ils avaient vu consentir; qu'un grand nombre d'entre eux n'ont pu rentrer dans leurs domiciles; qu'ils sont restés errants dans les campagnes, cachés au fond des bois, ou dans les marais, jusqu'au moment où ils ont pu encore une fois se réunir sous le drapeau blanc; que, désignés sous le nom de *miquelets* par les dominateurs des cent jours, ceux qui ont conservé leur existence n'ont pu échapper au pillage de leurs propriétés. Ils n'ont pas dit tous les actes de courage, de dévouement et de loyauté qui appartiennent à ces braves; ils n'ont pas dit le pact impie des fédérés; ils n'ont pas dit que ce parti vaincu, mais incapable de revenir à des sentiments de modération, provoquait, par ses imprudentes clameurs et ses *cris frénétiques* (1), une portion de la population qu'il avait exaspérée

(1) Ces cris étaient ceux de *vive Napoléon!* ou *vive Napoléon II!* On emploie ces expressions, parce que c'est ainsi que l'*Aristarque* a qualifié ceux de *vive le Roi!* que proféraient les royalistes.

par des persécutions, des pillages et des massacres; ils n'ont pas dit que les désordres qui ont eu lieu n'ont été commis que par les hommes de la lie du peuple, quoique les volontaires royaux eussent vu des hommes d'une classe bien plus relevée, ou parmi leurs assassins, ou parmi ceux qui encourageaient, qui payaient, qui excitaient ces assassins; ils n'ont pas dit que les autorités royalistes ont employé tous leurs efforts pour arrêter les excès; qu'elles veillaient jour et nuit; que ces fonctionnaires publics ont souvent exposé leur vie en accomplissant ce devoir. Ils n'ont pas dit enfin qu'il s'en fallait tant que la religion fût pour quelque chose dans la lutte qui s'établissait alors, que dans les quatre premiers fonctionnaires que j'ai désignés, comme j'y étais autorisé par mes instructions, mon choix est tombé sur deux protestants (1), non que j'aie recherché quelle religion ils professaient, mais parce que je savais qu'ils étaient dévoués à la cause royale. Ce que ces écrivains avaient besoin de dire, parce que c'est le mot de ralliement du parti, c'est que cette guerre de quelques jours était une guerre religieuse; et leur secret, à cet égard, a été pleinement dévoilé par la correspondance publiée dans

(1) MM. de Fressac et de Barre, comme on le verra dans cet ouvrage.

la procédure de Lavalette, où l'on trouve ce passage, qui a servi d'épigraphe à l'ouvrage de M. le marquis d'Arbaud-Jouques.

« Surtout répandez le bruit d'une persécu-
» tion, *vraie ou fausse*, des protestants en
» France ; c'est un excellent moyen de soulever
» les peuples et les gouvernements étrangers
» contre le gouvernement des Bourbons. »

Quoi ! c'est dans le temps où nous vivons qu'on a espéré de faire croire à une persécution pour des opinions religieuses ? C'est quand on a vu dans les deux partis des catholiques et des protestants, qu'on imagine de persuader que ce n'étaient pas les opinions politiques qui divisaient les hommes ? Cela sans doute est absurde, cela est démenti par tous les témoins. Mais nous avons malheureusement vu l'absurdité obtenir toute croyance, et les hommes de bonne foi se taire et gémir en secret ; ce sont les intrigants, les agents des différents partis qui s'agitent, qui remuent ; ce sont eux qui écrivent pour faire croire ce qu'ils ne croyent pas eux-mêmes : il faut donc les combattre.

S. A. R. Monseigneur le duc d'Angoulême m'avait ordonné, en Espagne, de repasser en France, et d'y déployer le caractère de commissaire extraordinaire du Roi dans les départements du Gard et de la Lozère, pour y rétablir l'autorité de S. M. J'ai rempli cette mission avec le zèle et le dévouement dont je suis animé. J'ai réussi : c'est le crime que ces pamphlétaires ne me pardonnent pas ; et ils ont essayé de flétrir cette époque, que je regarde comme la plus belle de ma vie.

Que je ne sois plus membre de la Chambre des Députés, que je sois rentré dans l'obscurité de la vie privée (1), je ne m'en estime que plus heureux d'avoir pu, dans ces jours d'une épreuve difficile, attacher mon nom à des souvenirs de fidélité qui seront toujours glorieux pour les bons Français.

Je ne me dissimule pas combien le récit que je vais entreprendre est semé de petits détails ; qu'il ne peut commander l'attention du lecteur comme la narration de ces événements extraordinaires qui nous étonnent depuis si long-temps. Ce que j'écris, je suis forcé de l'écrire, et l'on ne perdra pas de vue que si l'entreprise était dangereuse quand je l'ai embrassée, les circonstances successives ont aplani les difficultés, et l'ont terminée plus promptement qu'on ne pouvait d'abord l'espérer. La grande catastrophe produite par la bataille de Waterloo, les suites importantes qu'elle a eues, les événements qui ont livré

(1) J'ai été mis en non-activité le premier janvier 1816.

la capitale à l'invasion des étrangers, et qui ensuite l'ont rangée sous l'autorité du Roi, ont fait oublier ce qui se passait sur un théâtre plus étroit et éloigné du centre où l'on décidait du sort de la monarchie. Je ne veux que rendre compte de la mission dont j'ai été chargé dans deux des départements de la France, faire connaître l'esprit qui animait les habitants de ces départements, et dire comment et à quelle époque ils ont repris la cocarde et le drapeau blancs.

Le département du Gard est peuplé de catholiques et de protestants. Ces derniers y sont dans la proportion seulement d'un tiers avec les premiers. Mais cette proportion n'est pas égale partout. Dans les Cévennes, dans la Gardonenque, dans l'Avaunage, les protestants sont supérieurs en nombre, tandis que dans d'autres endroits ils sont bien au-dessous du tiers numérique des catholiques.

Les protestants avaient vu en 1787, par l'édit du feu roi Louis XVI, leur sort bien amélioré de ce qu'il était depuis la révocation de l'édit de Nantes (1). Lors de la révolution française, ils en ont, pour la plupart, adopté les principes avec

---

(1) Les catholiques ont applaudi à cette mesure que le souverain avait adoptée.

enthousiasme, et dès 1790, quand la France n'avait encore présenté que quelques rébellions, des désordres et des crimes isolés, arrivèrent à Nîmes les événements des 13, 14 et 15 juin, connus sous le nom de *la Bagarre* (1).

La religion n'était pas le motif de ces scènes atroces, car alors aussi on comptait des catholiques parmi les oppresseurs. Nous ne rappellerons pas tous les détails de ces affreux massacres qui, en trois jours, ont coûté la vie à plus de six cents royalistes, et quoique une populace effrénée ait dirigé ses premiers coups sur des religieux qui ont été assassinés au pied de l'autel qu'ils tenaient embrassé, quoique le couvent des doctrinaires et celui des jacobins ayent été pillés et dévastés, quoique la maison de M. l'abbé Cabanel et celle de M. l'abbé Bragouze ayent été entièrement ruinées, d'autres maisons habitées par des hommes dont tout le crime était d'être connus pour professer une opinion politique opposée à l'opinion dominante, ont été également pillées et ravagées, quelques-unes même entièrement démolies.

---

(1) Voyez *Précis historique des massacres commis par les protestants sur les catholiques, dans les journées des 13, 14 et 15 juin* 1790. On croit que cet ouvrage a été imprimé à Nîmes, en 1790.

Un trait, entre plusieurs autres, fera connaître le caractère d'atrocité que prennent les insurrections dans le Midi, quand les têtes de certains hommes du peuple sont abandonnées à l'exaspération de leurs opinions.

Un malheureux est poursuivi, il avait échappé à la mort, qui s'était présentée à lui sous différentes formes; il rencontre un boucher qu'il connaissait, *sauve-moi, mon ami*, lui dit-il; — *je le veux bien*, répond celui-ci, *mais il faut que tu fasses comme nous, suis-moi*; et il lui donne un fusil et des cartouches. En ce moment une troupe de forcenés traînait un homme à la mort : *voilà une occasion pour te montrer*, dit le boucher, *tue ce papiste!* Le malheureux hésite, il tremble, il va être immolé. L'homme dévoué à la mort voit ce qui se passe, il a le courage de démontrer que l'arrêt fatal doit être exécuté, puisque autrement l'un mourrait toujours, et que l'autre périrait aussi; déterminé par ce raisonnement, ou plutôt égaré, le malheureux l'ajuste avec son fusil, le coup part, et la victime tombe et expire à ses pieds. L'assassin involontaire est alors reconduit en triomphe dans son domicile : au bout de trois jours il meurt de l'effroi qu'il a éprouvé, de regret et de repentir.

Quoique le mot de *papiste* ait été prononcé au milieu de cette épouvantable scène, la religion n'y était pour rien, car celui qui avait racheté sa vie par un assassinat était catholique, et il n'a point abjuré sa religion ; mais il avait abjuré pendant un moment tout sentiment d'humanité ; il avait professé la doctrine du crime, et c'était tout ce qu'on voulait de lui (1).

A quoi bon redire encore comment un huissier catholique a été député par ces assassins au-devant des milices de la côte du Rhône, qui s'étaient avancées jusqu'à Rémoulin pour venir rétablir la tranquillité dans la ville ; comment on a persuadé à ceux-ci de s'en retourner ; comment les massacres et les dévastations ont recommencé, et comment ils n'ont été arrêtés que par l'arrivée d'un fort détachement venu de Montpellier ;

(1) On ne manquera pas de s'écrier encore qu'on rappelle ici les sanglants souvenirs de la révolution ; mais ne sont-ce pas les libellistes qui nous y obligent? ne sont-ce pas eux qui veulent toujours parler de quelques désordres, parce qu'ils ont été la suite du rétablissement de l'autorité légitime? Et quand la *Minerve française* trouve *un genre de sublime épouvantable*, dans un mouvement de la Chambre des Députés, qui, suivant l'écrivain-rédacteur d'un article que nous citerons, *craignait de profaner le culte de la vengeance*, il nous semble que *ce genre de sublime épouvantable* s'appliquerait mieux au fait que nous racontons ; et l'on verra, dans la suite de cet ouvrage, à quelle occasion la *Minerve française* avait employé cette phrase.

comment quinze cents cévénols, à la solde de quarante sous par jour, sont restés aux portes de la ville pour protéger les assassins, et contenir par la terreur les catholiques qui ne professaient pas des opinions révolutionnaires ? Observons seulement que les commissaires qui rédigèrent un rapport sur ces événements, ne manquèrent pas de faire remarquer *que la religion n'avait point eu de part aux malheurs de la ville de Nîmes;* observons encore qu'à compter de ce moment les protestants dominèrent dans l'assemblée électorale, qu'ils s'emparèrent en majeure partie de tous les emplois électifs, et qu'ils ont conservé cette supériorité pendant tout le temps qu'a duré la révolution (1).

Quand Buonaparte s'est emparé du pouvoir et quand il a établi son trône impérial sur les institutions républicaines, qu'il a cependant ensuite successivement changées ou modifiées, les protestants du Gard qui sont calvinistes (et l'on sait que la doctrine de Calvin est bien autrement ennemie de toute dépendance que celle de Luther) ont ployé, comme tous les Français, sous

(1) Une lettre, qui a été rapportée dans le journal de l'*Aristarque*, ne dissimule pas que, pendant toute la révolution, les protestants ont conservé, dans le Gard, une supériorité marquée sur les royalistes.

le joug que l'usurpateur rendait plus pesant tous les jours. Ceux qui avaient adopté les idées révolutionnaires pouvaient le supporter impatiemment, mais il n'était pas permis alors de paraître mécontent; il eût été plus dangereux encore de se montrer partisan de l'indépendance. Ce que Buonaparte voulait pardessus tout, c'était de faire oublier ces idées anti-monarchiques, qui, après avoir enfanté tant de gouvernements différents, et plus bizarres les uns que les autres, l'avaient porté au rang suprême (1). Mais au moment où Louis XVIII saisissait les rênes du gouvernement, quand il s'asseyait sur le trône de ses pères, déjà s'attachaient les fils d'une affreuse conspiration. Alors, et successivement, parurent, d'abord en s'essayant avec timidité, ensuite en s'avançant avec audace, des hommes depuis long-temps condamnés à l'obscurité; alors reparurent les systèmes oubliés, et cette conspiration produisit le 20 mars.

Ce qui étonna le plus, fut de voir à cette époque les ennemis les plus prononcés de Buonaparte, les républicains qu'il avait tant maltraités, faire alliance avec lui, épouser sa querelle, et entreprendre de prouver que son gouvernement

---

(1) L'un des chapitres de l'ouvrage de Mme. de Stael, qui va être publié, est intitulé : *Buonaparte fait la contre-révolution !*

despotique était plus modéré, plus libéral que le gouvernement éminemment paternel de Louis XVIII ; mais, avec le temps, on a trouvé le mot de cette énigme : les deux partis n'avaient réuni leurs intérêts que dans la vue de se tromper mutuellement, et chacun conservait l'espérance de renverser l'autre, quand ils auraient ensemble fait crouler le trône du roi légitime.

On sait que les agents de cette conspiration agissaient ouvertement ; que leurs émissaires, dans toutes les campagnes, annonçaient qu'on allait reprendre tous les biens nationaux de quelque origine qu'ils fussent, rétablir la féodalité, créer de nouveau les dîmes, etc.... Dans le département du Gard, et surtout dans les Cévennes, on ajoutait que Louis XVIII ne voulait plus souffrir en France aucun protestant ; l'effet de ces moyens employés n'a été que trop efficace, et Buonaparte a traversé la France de Cannes à Paris en vingt-un jours, porté sur les bras des conspirateurs.

S. A. R. Monseigneur le duc d'Angoulême était à Bordeaux lors de ce funeste événement ; la présence de ce prince dans le Midi exalta les sentiments du royalisme chez ce peuple qui ne peut aimer ou haïr froidement : plus le danger croissait, plus le dévouement augmentait. C'est dans le département du Gard que ce prince a formé une armée. Les traits de dévouement qu'on pourrait citer sont aussi nombreux que touchants : j'en choisis un entre mille, parce qu'il appartient à la classe du peuple, et qu'il s'est passé dans la ville de Nîmes.

Une femme, revendeuse dans les rues, vint non-seulement présenter son fils pour qu'il fut enrôlé sous les drapeaux de l'armée royale, mais elle voulait qu'on acceptât un petit pécule, fruit de ses longues et laborieuses économies, et qui était tout ce qu'elle possédait. Son fils fut enrôlé, mais on refusa son argent : mécontente de ce refus, sans en être blessée, elle l'emploie à l'instant à acheter de l'eau-de-vie, qu'elle distribue à tous les soldats présents. Et le nom de cette bonne femme est peut-être déjà oublié!..... Il faut que j'ajoute encore qu'on ne voulait admettre, dans les rangs des volontaires royaux, que des célibataires. Quand des hommes mariés se présentaient, et qu'on leur demandait s'ils étaient libres, leurs femmes, derrière eux, leur soufflaient : *Dis que tu n'es pas marié.*

Tout le monde sait comment Monseigneur le duc d'Angoulême s'avança jusqu'à Valence, après avoir brillamment forcé le passage du pont de la Drôme. Il eût reprit Lyon, et peut-être eût-il, de nos jours, donné le spectacle d'un des descendants d'Henri IV reconquérant, pour le Roi, le trône de France, sans le secours des étrangers, s'il n'avait été lâchement trahi et abandonné par ceux qui venaient de renouveler leurs serments dans ses mains. C'est dans le Midi de la France qu'on le sait mieux que partout ailleurs; c'est là qu'on sait bien aussi que, lors du traité de la Pallud, ce magnanime prince eût pu sauver sa personne, en abandonnant son armée; mais qu'il aima mieux se livrer pour obtenir que ses soldats licenciés rentrassent dans leurs foyers sans éprouver de mauvais traitements. Un général qui gagne une bataille, la doit sans doute à la justesse de ses combinaisons, souvent aussi à la bravoure de ses soldats et à la fortune; mais un prince qui se dévoue pour son armée, ne partage avec personne ce qu'une telle action a de sublime : qu'on la compare maintenant avec les nombreuses fuites de l'usurpateur !

Je me rapproche maintenant, dans ce récit, de ce qui me devient personnel.

Comme officier supérieur des gardes-du-corps de Monsieur, j'avais accompagné ce prince à Lyon, au moment du débarquement de Bonaparte. Dans la nuit du 20 mars, je quittai Paris avec son S. A. R. Monseigneur le duc de Berry, à la personne duquel je devais être particulièrement attaché pendant la campagne. Cette campagne n'eut pas lieu. La maison militaire du Roi, ayant accompagné LL. AA. RR. MONSIEUR et Monseigneur le duc de Berry, jusque sur la frontière du Nord, fut licenciée à un endroit appelé Neuve-Église, à peu de distance de Lille.

Je revins immédiatement sur mes pas, et me dirigeai sans retard vers le Midi de la France, pour y combattre sous les ordres de Monseigneur le duc d'Angoulême, qui défendait glorieusement la cause sacrée du Roi. Quatorze jours après le licenciement de Neuve-Église, j'étais arrivé à Montpellier, quoique j'eusse été obligé de repasser par Paris, et de prendre la route des montagnes de l'Auvergne, la route par Lyon étant interceptée par les troupes de Buonaparte; mais il était déjà trop tard (tant nos malheurs avaient été rapides) : Son Altesse Royale était arrêtée au pont Saint-Esprit, par suite de la violation de la convention de la Pallud.

Le séjour de ce prince dans le département du Gard y avait en quelque sorte mis les partis en présence : les buonapartistes avaient été comprimés un instant, mais aucun d'eux n'y avait été maltraité; cependant on n'avait pu les déterminer à se ranger sous l'étendard des lis. Ils avaient dissimulé, et s'étaient renfermés dans une inaction absolue : quelques-uns, il est vrai, avaient feint de consentir à des sacrifices pécuniaires; mais ces sommes, bientôt détournées de leur première destination, avaient servi à corrompre les troupes en garnison à Nîmes.

Enfin la nouvelle de l'arrivée de Buonaparte à Paris avait été le signal de la révolte, principalement dans la ville de Nîmes; la dissimulation y avait fait place à la trahison ouverte: le lieutenant-général Gilly, abjurant son serment, s'était mis à la tête des rebelles; il avait marché sur le pont St.-Esprit. Cette diversion inattendue avait amené cette capitulation, qui fut aussitôt violée que conclue; et Monseigneur le duc d'Angoulême, après avoir traversé Montpellier, s'était embarqué à Cettes, sur un bâtiment suédois, qui l'avait transporté en Espagne. J'avais essayé, avant son départ, d'approcher de son auguste personne, afin de prendre ses ordres, dans l'intérêt du rétablissement de la monarchie légitime; mais tous mes efforts ayant été sans succès, je n'aspirais plus qu'à rejoindre Son Altesse Royale sur une terre étrangère. Ma nouvelle émigration était d'autant plus difficile, elle exigeait d'autant plus de précautions, qu'aucun bâtiment français ne se détachait de la côte : Buonaparte avait paru, nous étions en guerre avec toute l'Europe.

Avant de quitter la France, je voulus connaître par moi même la situation politique des départements du Gard et de la Lozère. Ce dernier, où j'ai mon domicile, supportait déjà impatiemment le joug de l'usurpateur; cependant il était soumis.

Le nouveau préfet m'y sachant arrivé, m'enjoignit, par écrit, de prêter serment de fidélité à Buonaparte, conformément au décret impérial du 25 mars 1815, rendu pour les officiers de la maison militaire du Roi et de celles des princes (1).

---

(1) Voici la copie exacte de cette lettre :

PRÉFECTURE DE LA LOZÈRE.

DIVISION.

Objet de la lettre.

On l'invite à transmettre au Préfet son serment, prêté dans les termes prescrits par le sénatus-consulte du 28 floréal an 12.

Mende, le 5 *mai* 1815.

Le Préfet du Département de la Lozère,

A M. Depierre de Bernis (René), *ex-Lieutenant honoraire des Gardes-du-Corps de* Monsieur, *à Salgas.*

Monsieur,

Un décret impérial du 25 mars dernier impose à tous ceux qui ont fait partie de la maison militaire ou civile de Louis-Stanislas-Xavier, comte de Lille, ou de celles des princes de sa famille, l'obligation de prêter le serment voulu par les lois. Comme vous êtes dans le cas de l'application de cette disposition du décret, je suis persuadé que vous vous empresserez de remplir une obligation qui est gravée dans l'ame *de tout honnête*

Je refusai, et je me rendis dans le département du Gard. Les persécutions les plus atroces y étaient exercées contre les soldats de l'armée de Son Altesse Royale, qu'on ne désignait plus que sous le nom de *miquelets;* partout ils étaient poursuivis, dépouillés, et plusieurs massacrés impitoyablement.

A leur passage sur le pont Saint-Esprit, des officiers de volontaires royaux ont éprouvé les plus odieux traitements de la part des officiers de l'armée du général Gilly, et des soldats ont été précipités dans le Rhône.

Ces assassinats avaient déterminé les autres à prendre des directions différentes pour se soustraire aux fureurs des rebelles et parvenir à rentrer dans leurs foyers; mais ils furent atteints

---

homme, et à laquelle il n'est aucun Français qui puisse se croire dispensé de se soumettre, sans se déclarer soi-même étranger.

Le serment que vous avez à prêter doit être conçu en ces termes :

« Je jure obéissance aux constitutions de l'empire et fidélité » à l'Empereur. »

Veuillez bien me l'adresser par écrit, en double expédition, dans les vingt-quatre heures de la réception de la présente.

Recevez, Monsieur, l'assurance de ma considération.

DE CHARNAGE.

partout; à Arpaillargues, petit village aux environs d'Uzès, une vingtaine d'entre eux furent assaillis par les habitants, et plusieurs furent horriblement massacrés.

Aux barrières de Nîmes et à une demi-lieue sur les routes qui y aboutissent, ceux qui avaient échappé au pillage et à la mort, tombèrent entre les mains des soldats de la garde urbaine de cette ville, qui les dépouillèrent avec ordre et en présence des officiers qui commandaient cette garde, comme s'ils eussent agi légalement.

Ces vexations, ces assassinats ont eu lieu sur tous les chemins parcourus par les volontaires royaux, qui marchaient sans armes et sans pouvoir obtenir la moindre nourriture.

Un grand nombre avaient péri, un plus grand nombre traînaient une vie languissante, suite des traitements barbares qu'ils avaient essuyés; ceux qu'une santé plus robuste, ou une plus heureuse fortune avait pu faire échapper, étaient errants et fugitifs dans les bois et dans les marais; ils attendaient, dans la misère et la douleur, l'heureux moment de leur délivrance.

Cette persécution ne se réduisit pas aux simples effets des vengeances particulières, et aux fureurs exercées par les hommes d'un parti que le gouvernement d'alors ne réfrénait point; elle devint un des actes de ce gouvernement.

Buonaparte, dans sa haine implacable contre tous ceux qui avaient fait partie de l'armée de Son Altesse Royale, les proscrivit par un décret dont les dispositions étaient, que les officiers supérieurs seraient mis sous la surveillance de la haute police; quelques-uns devaient être arrêtés; aucuns d'eux ne pouvaient être employés. Les officiers subalternes restaient sous la surveillance de la police locale, et les sous-officiers et soldats, sans distinction d'âge, devaient être désignés pour faire des soldats de son armée; les lois mêmes de la conscription ne pouvaient les protéger.

Plusieurs de ces volontaires royaux, choisis parmi les officiers ou les plus riches, ne purent, quoique mariés, profiter de l'avantage du remplacement. Ils furent donc obligés d'abandonner encore leurs foyers. Mais la gendarmerie et une partie de la garde urbaine furent mises à leur poursuite; ceux qui étaient arrêtés étaient détenus à la citadelle de Nîmes, d'où on les traduisait dans les places-fortes de Besançon, de Béfort et de Grenoble; tous n'étaient pas même si doucement traités. Le colonel Magnier et le capitaine Espérandieu furent enfermés au château d'If.

Comment énumérer tous les mandats d'arrêt qui ont été lancés contre les royalistes? comment rassembler tous les traits épars des souffrances qu'ils ont éprouvées? comment se décider à en rembrunir encore le tableau déjà trop affligeant que j'en ai présenté? Qu'on sache seulement que c'est dans la ville de Nîmes que ces excès ont été poussés le plus loin. C'est dans cette ville qu'existait un café qui avait pris le nom de l'île d'Elbe; c'est dans ses murs que s'était formée la plus forcenée de toutes les fédérations; et cette compagnie des *Collets Jaunes*, devenus les persécuteurs acharnés des royalistes, de ces royalistes qui restaient ou opprimés, ou cachés, ou en fuite, mais qui n'en étaient pas moins déterminés à se rassembler, à reprendre les armes, et à combattre pour leur roi légitime dès que l'occasion favorable s'en présenterait. Telle était la situation du département du Gard, après le départ de Monseigneur le duc d'Angoulême.

C'est après avoir pris ces renseignements que je m'embarquai enfin secrètement à Cette, sur un bateau espagnol, avec M. le marquis de Calvière, officier supérieur des mousquetaires-gris, qui arrivait également des frontières du Nord, où sa compagnie avait été licenciée, et nous prîmes terre aux environs de Barcelonne, d'où nous fûmes dirigés sur un cantonnement français, commandé par M. le vicomte d'Escars, près de Figuières.

Ce fut dans cette dernière ville que je reçus

les ordres et les instructions de S. A. R. Monseigneur le duc d'Angoulême, gouverneur-général des 7e., 8e., 9e., 10e. et 11e. divisions militaires. L'ordre de rentrer en France était signé de la main du prince. Les pouvoirs étaient datés du 10 juin, et les instructions qui les accompagnaient, signées par le lieutenant-général baron de Damas, l'étaient du 3 du même mois.

Ma mission était de pénétrer en France, d'y déployer le caractère de commissaire-extraordinaire du Roi dans les départements du Gard et de la Lozère, de réunir les volontaires royaux et les sujets fidèles, de nommer provisoirement à tous les emplois en remplacement des autorités de Buonaparte, d'y renverser le gouvernement de l'usurpateur, et d'y faire reconnaître l'autorité de S. M. par la force des armes, partout où l'on ne voudrait pas s'y soumettre volontairement; les opérations militaires devaient se rattacher, autant que les circonstances le permettraient, à un plan de campagne. Mais ces opérations dépendaient des événements et de la situation des lieux, puisque avant d'agir il fallait se créer des moyens. M. le marquis de Montcalm avait, pour le département de l'Hérault, le même mandat et les mêmes instructions.

Dans la nuit du 15 ou 16 juin, nous attérâmes sur une plage inhabitée, à peu de distance de la ville d'Aiguesmortes, malgré la vigilance des gardes-côtes et des douaniers, qui, ayant signalé le bâtiment, tirèrent dessus. Nous employâmes le reste de la nuit à nous éloigner précipitamment des bords de la mer. M. de Montcalm et M. son frère qui l'accompagnait, prirent le chemin pour arriver dans les environs de Montpellier; M. de Calvière et moi nous nous rendîmes à Lunel.

M. de Calvière partit immédiatement pour la Provence, afin d'y concerter les mesures nécessaires au succès de l'entreprise; je me rendis sans délai dans le département de la Lozère, pour y disposer d'abord les esprits et tout préparer pour le moment où il faudrait agir, conformément à mes instructions. Je prévoyais que, par la suite, mes communications avec ce département pourraient être momentanément interceptées, pendant que j'agirais dans celui du Gard; ce qui effectivement a eu lieu.

Avant d'exposer les moyens qui ont été employés pour faire reconnaître l'autorité de S. M. dans le Midi, qu'on me permette de répondre à l'une des diatribes entassées par les libellistes qui ont écrit sur ces événements : ils n'osent pas dire ouvertement que les royalistes ont eu tort de servir la cause de la légitimité; mais ils font un crime de la fidélité, en ce sens, qu'ils soutiennent qu'il ne fallait rien entreprendre ; qu'on devait tout attendre du temps, et que le Midi serait rentré sous l'obéissance du Roi, en 1815, aussi paisiblement qu'il y avait été rangé lors de la première restauration (1). De cette manière, ils ne sont pas seulement parvenus à enlever le mérite au courage et au dévouement, mais ils les ont calomniés. Ainsi, ces malheureux volontaires royaux qu'on massacrait deux mois auparavant après la convention de la Pallud, qu'on aurait fusillés comme des rebelles s'ils eussent succombés cette fois, sont présentés à l'opinion publique comme des assassins, parce qu'ils ont réussi!...... Et les conspirateurs qui ont ramené Buonaparte, ont pu pendant les cent jours du moins célébrer leur adresse et se glorifier de leur crime; et aujourd'hui l'impunité ne leur suffit pas, ils ne veulent pas même qu'on leur fasse un reproche!

A cette époque du 16 juin 1815, le pouvoir de Buonaparte, reconnu dans toute la France, à

---

(1) Ils oublient, à dessein, que les commissaires envoyés avaient des instructions à suivre, des ordres à exécuter; ils oublient aussi que les circonstances de 1815 ne ressemblaient pas dans le Gard à celles de 1814; la proscription des royalistes était trop récente à cette seconde époque, les plaies saignaient encore, et l'exaspération était extrême dans les deux partis.

quelques faibles exceptions près, était menacé, mais n'avait encore été ébranlé sur aucun point; les agents et les fonctionnaires publics qu'il avait nommés étaient tous puissants. Si déjà l'on savait dans le Nord qu'une grande bataille pourrait dans peu de jours décider du sort de l'Europe, la chance s'était déjà prononcée en faveur de Buonaparte; mais on ignorait tout cela dans le Midi: à peine y savait-on que l'usurpateur était parti de la capitale pour se mettre à la tête de son armée. La mission donnée aux commissaires-extraordinaires n'était donc pas une *mission qui pût être pacifique;* il ne s'agissait donc pas d'introduire doucement l'autorité du Roi dans le pays, mais de réunir les royalistes, de les armer, de créer des soldats, et de changer l'ordre des choses qui était établi. Ces commissaires eussent trahi leur mandat, s'ils eussent tout attendu du temps et des circonstances; car le temps et les circonstances n'eussent peut-être rien fait pour la cause royale. Le Midi eût présenté une retraite à l'armée qui a ensuite abandonné la capitale, à cette assemblée qui a discuté dissertement une nouvelle loi de suspects, à cette commission de gouvernement qui voulait régir la France au nom d'un enfant, qu'on savait bien qui ne régnerait jamais, et notre pays eût été pendant long-temps livré à l'invasion des étrangers et déchiré par une guerre civile.

Ce mot qu'un Député des cent jours proférait avec rage : *puisqu'on fait des vendées royales, nous ferons des vendées patriotiques*, prouve que l'insurrection royale qui éclatait dans le Midi, était pour les révolutionnaires une plaie qu'ils regardaient comme incurable, qui éteignait leurs espérances, et c'est ce tort que tant de libellistes font encore expier à ceux qui sont restés constamment fidèles à la légitimité.

Le département de la Lozère était, comme je l'ai dit, dans les meilleures dispositions; les royalistes s'étaient déjà rassemblés en secret. Trois jours suffirent pour donner à leur organisation une direction conforme à mes instructions. Je désignai les principales autorités destinées à remplacer celles de Buonaparte, immédiatement après que l'on aurait éclaté. Il n'est pas hors de propos de répéter ici que le préfet que je nommai provisoirement est un royaliste professant la religion protestante. Je n'avais plus qu'à donner le signal; j'annonçai qu'on le recevrait sous très peu de jours, et je rentrai dans le Gard.

Ce département était dans une situation à-peu-près pareille à celle où je l'avais laissé en partant pour l'Espagne; cependant les volontaires royaux étaient encore plus exaspérés par les mauvais traitements dont ils étaient journellement les victimes; un grand nombre d'entre eux n'ayant pu rentrer dans leurs foyers, restaient épars dans les campagnes, et tous attendaient avec impatience le moment de reprendre les armes; ils avaient des chefs qui veillaient sur eux, qui les aidaient à supporter les privations dont ils étaient accablés, qui leur fournissaient les moyens de subsister dans leur retraite, qui leur procuraient des armes et des munitions autant que cela était possible, et qui leur promettaient le prochain retour du roi. Le vicomte Henri de Bernis, avait ramené du Vivarais ceux qu'il commandait au mois d'avril précédent, sous les ordres de S. A. R. Monseigneur le duc d'Angoulême. Il s'était retiré avec eux dans des métairies aux environs de Nîmes, où il pourvoyait à leurs besoins; ils avaient confiance en lui, ils étaient prêts à entrer en campagne, et le plus difficile était de maîtriser leur impatience.

Avec de tels moyens il fallait agir, ou lâchement déchirer son mandat.

Le préfet et le commandant du département du Gard furent provisoirement désignés.

Le premier emploi fut confié à M. le baron Jules de Calvière (maintenant membre de la Chambre des Députés), dont le dévouement au Roi et la fermeté impassibles ne peuvent être contestés même par ses ennemis les plus acharnés.

Le commandement du département fut donné à M. le maréchal-de-camp chevalier de Barre. Redisons encore, quand même cela deviendrait fastidieux, que cet officier-général professe la religion protestante. Je n'hésitai cependant pas à lui confier l'emploi le plus important alors : comment les pamphlétaires peuvent-ils concilier tout cela avec leur prétendue guerre de religion ?

D'autres autorités secondaires furent également désignées.

Le 25 juin, quand à Paris une assemblée osait délibérer à qui elle offrirait la plus belle couronne du monde, et quand elle n'exceptait que le possesseur légitime, la ville de Beaucaire reconnut son souverain légitime, et arbora spontanément la cocarde et le drapeau blancs (1). Dès le lendemain, les militaires, les fédérés et une partie de la garde urbaine de Nîmes marchèrent contre elle : ils furent honteusement repoussés aux cris de *Vive le Roi!* Et les volontaires royaux accoururent de toutes parts.

Le 27, Aiguesmortes fit son mouvement insurrectionnel. Le capitaine d'artillerie Achard y pénétra à l'improviste à la tête d'une poignée de

---

(1) Marseille, le même jour, en fit autant. Les libellistes ne le lui pardonnent pas plus qu'aux habitants du Gard et de la Lozère.

royalistes. La garnison fut surprise, désarmée, et le commandant de la place, ainsi que deux autres individus dont on crut prudent de s'assurer, furent constitués prisonniers dans le château.

Cette place était importante en raison de sa proximité de la mer ; elle fut promptement mise en état de défense. On y trouva deux pièces de quatre et des munitions, auxquelles on joignit de l'artillerie tirée des batteries des côtes.

Cependant le général Gilly menaçait encore cette ville; il avait même envoyé des gendarmes pour sonder le gué des différents canaux qui l'entourent. M. de Calvière (maintenant colonel du 5e. régiment de dragons) s'y renferma et régularisa les moyens de défense qui n'avaient été que hâtifs et provisoires. Cet officier arrivait de l'arrondissement de Vigar, où il s'était rendu pour organiser l'insurrection royaliste; à son retour, il avait été arrêté par la gendarmerie dans la petite ville de Sauve; on allait le traduire dans le fort de Saint-Hypolite: il n'a dû son élargissement qu'à un concours de circonstances fortuites.

Les événements se précipitaient; il aurait été même difficile d'en modérer l'impulsion : j'envoyai donc ordre d'agir aux royalistes de la Lozère; ils le reçurent, mais ils ne l'avaient pas attendu.

Quoique les événements qui se sont passés

dans ce département, n'ayent pas été l'objet des déclamations des libellistes, ces événements se lient cependant à ceux du Gard; ils font partie du compte que je rends de ma conduite politique en 1815; je ne puis m'empêcher d'en faire un récit abrégé.

Le 30 juin, la ville de Mende, qui est le chef-lieu, arbore le drapeau blanc; alors tout s'agite, s'allume, s'enflamme; les nouvelles autorités sont installées, le préfet de Buonaparte est arrêté, ainsi que quelques autres fonctionnaires, et surtout le commandant militaire envoyé par le lieutenant-général Gilly. MM. de Corsac, de Chambrun, de Borel, d'Amouroux et de Fond, secondés par d'autres royalistes, attaquent le poste établi à la préfecture, et le désarment. En deux fois vingt-quatre heures presque tout ce département est rendu au Roi.

La gendarmerie se soumet; deux compagnies de militaires retraités, n'ayant opposé aucune résistance, sont seulement licenciées, et leurs armes distribuées aux gardes nationaux; celles des gendarmes le sont aux militaires qui recomposent ce corps.

M. de Corsac est nommé provisoirement commandant du département. Il avait été, trois mois auparavant, désigné pour cet emploi par S. A. R. Monseigneur le duc d'Angoulême : ce titre dut fixer mon choix. M. de Fréssac, que j'avais nommé préfet, entre en fonctions. Il est protestant, et n'en est pas moins royaliste prononcé. Les administrés des deux religions, s'ils sont de bonne foi, doivent rendre justice à sa trop courte administration (1). Homme habile et ferme, il n'a eu qu'un but : servir son Roi et la France; il l'a atteint.

M. de Landos commande l'arrondissement de Mende; M. de Séguin de Régniés, celui de Marvejols; et M. des Gardies, celui de Florac.

Quelques troupes royales sont rapidement organisées. Cette mesure était d'autant plus nécessaire, qu'il y avait des points où l'esprit de révolte s'était réfugié et concentré, et qu'il avait acquis d'autant plus d'activité, que Paris était encore sous la puissance du gouvernement provisoire, agissant au nom de Napoléon II; que cette capitale allait être investie par les troupes étrangères; que l'avenir se présentait environné de sombres nuages; et qu'il fallait, à tout événement et contre tout ce qui pourrait arriver, présenter une plus grande masse de population prête à réclamer énergiquement son souverain légitime.

On ne peut, dans ce récit trop succinct, donner

(1) M. de Fréssac a été admis à la retraite en 1817, au mois d'août.

en détail tous les traits de dévouement, de courage et de désintéressement que l'enthousiasme a produits, mais il faut dire que MM. de Briges, de Morangié-Saint-Alban, de Soulages et de Pradels, offrirent de lever à leurs frais un corps de cavalerie. Les longueurs inévitables de cette organisation firent préférer d'utiliser d'une autre manière le dévouement de ces Messieurs : on donna de hautes payes aux gardes nationaux mobilisés; M. des Gardies a poussé le zèle jusqu'à doubler la solde des volontaires de son arrondissement.

C'est aussi par les soins de ces Messieurs qu'on obtint de la ville de Langogne une garde nationale, armée et équipée à l'instar des troupes de ligne, et animée d'un esprit excellent.

Cependant la partie des Cévennes, enclavée dans le département de la Lozère, n'avait pas obéi à l'impulsion du reste du département, et causait quelques inquiétudes.

Un rassemblement assez considérable s'y était formé; il marchait sur Florac (sous-préfecture). On parvint à le dissoudre avant qu'il eût atteint cette ville, dont le sous-préfet fut arrêté par ordre du préfet.

Des postes placés sur la route de Saint-Flour, département du Cantal, assurèrent la tranquillité de ce côté.

Le département de l'Ardèche, comprimé par les troupes de la commission du gouvernement provisoire, ne pouvait agir et opérer le mouvement royaliste; mais le bon esprit de ses habitants était connu, et ne laissait aucune crainte sur cette frontière du département de la Lozère.

M. de Machecco, agissant dans la Haute-Loire, s'était mis en communication avec Mende.

Du côté du Puy, des troupes avaient paru vouloir prendre des positions dans les montagnes; mais au moyen de forts détachements portés sur cette autre frontière, on n'eut à redouter aucune invasion.

Ainsi tout était dans l'état le plus rassurant, les positions importantes étaient occupées par les troupes royales, le service était constamment fait avec zèle, dévouement, et avec une régularité que l'on pouvait difficilement espérer de soldats si nouvellement organisés.

C'est au milieu de tous ces événements que, dans la nuit du 8 au 9 juillet, M. le maréchal Soult arriva subitement au village de Malzieu, situé à quelques lieues au nord de la ville de Mende. Sa présence inattendue dans un pays si nouvellement soumis au Roi; l'influence attachée au nom de ce maréchal, et à son rang; sa vie politique depuis le 20 mars; la position critique où se trouvait encore le département du Gard, dans lequel le général Gilly, avec des troupes rebelles, occupait la ville de Nîmes, et maintenait dans la révolte la partie de ce département qui touche à celui de la Lozère; toutes ces considérations importantes durent déterminer la mise en surveillance, dans Mende, de M. le maréchal Soult. Son apparition inspirait des craintes aux royalistes, d'autant plus fondées que nulle affaire personnelle ne paraissait l'avoir attiré.

D'après cet exposé de ce qui s'est passé dans la Lozère, le lecteur peut observer que la transition du gouvernement de l'usurpateur au gouvernement légitime s'est faite sans effusion de sang, quoique les mesures pour y rétablir l'autorité du Roi, ayent été absolument les mêmes que celles employées dans le département du Gard; la raison en est, comme nous l'avons déjà indiqué, que la révolte n'y a pas opposé une résistance opiniâtre, comme dans le Gard, et qu'elle n'a pas osé s'y prolonger armée, et provoquer une population ardente, exaspérée par ce qu'elle avait souffert, et qui, en se soumettant à l'autorité légitime, paraissait reconquérir son Roi. Cependant il y a aussi des protestants dans la Lozère. Qu'on nous dise donc comment il se pourrait qu'on eût persécuté les uns, sans persécuter les autres?

Revenons aux événements qui se passaient alors dans le département du Gard.

Les royalistes se concentraient à Beaucaire. Le 3 juillet, une proclamation fut adressée à tous les habitants pour les inviter à se ranger, sans exception, sous l'autorité du Roi. Cette proclamation ne présente rien de ce style astucieux qui laisse apercevoir la faiblesse ou l'hésitation; elle contient, au contraire, la preuve de la confiance des royalistes dans les moyens qu'ils avaient su se créer. On y parlait du Roi comme ce monarque veut qu'on en parle toujours et dans toutes les circonstances : comme prêt à pardonner et même à tout oublier. Un tel manifeste n'était certainement pas l'annonce qu'on voulût opérer une réaction (1).

---

(1) Voici la proclamation:

Habitants du Gard,

Le Roi nous envoie au milieu de vous pour mettre un terme à vos infortunes. La guerre civile règne dans vos contrées; nous venons y ramener l'ordre et la paix. Les fureurs insensées du tyran qui trop long-temps désola l'Europe et la France, vous ont ramené le règne de la terreur; nous venons vous replacer sous le gouvernement paternel du meilleur des Rois.

Malheur à ceux qui repousseraient le souverain légitime que la France entière appelle, et qui peut seul la réconcilier avec l'Europe.

Nous vous portons en son nom des paroles de clémence et

Un arrêté, du même jour, enjoignait de reconnaître le nouveau préfet, le nouveau commandant du département et les nouvelles au-

---

d'amour; Français, vous connaissez son cœur, vous savez avec quel plaisir il fait céder sa justice à sa clémence : une prompte soumission vous replacera au nombre de ses enfants. Habitants du Gard, ouvrez les yeux! Pour qui, jusqu'ici, avez-vous prodigué votre sang et le fruit de vos travaux? Jusqu'à présent tant de sacrifices ont été faits à l'insatiable ambition d'un étranger sans foi; et aujourd'hui, on ose réclamer ces mêmes sacrifices pour assurer l'impunité à quelques misérables factieux, dont les richesses et les dignités usurpées ne sauraient effacer les marques du sang royal qui pèse sur leur tête.

Hâtez-vous, bons habitants du Gard, d'abandonner une cause aussi criminelle! Habitants des Cévennes, de la Vaunage, de la Gardonenque, rentrez dans vos foyers; reprenez vos paisibles travaux, et comptez sur la protection comme sur la clémence du meilleur des Rois.

Fédérés, rompez le pacte criminel qui vous lie à la révolte; une plus longue obstination vous déroberait à sa clémence, pour vous livrer à la plus sévère justice. Français du Gard, que chacun de vous s'empresse de coopérer à la cause du Roi, au rétablissement de l'ordre et de la paix, afin que le souvenir des services rendus dans ce moment, efface celui des fautes passées.

Donnée au quartier-général de Beaucaire, le 3 juillet 1815.

Les Commissaires-extraordinaires du Roi, dans les départements du Gard et de la Lozère.

Comte René de Bernis.

Marquis de Calvière.

torités instituées. Cette pièce ne contient pas d'invitation ; c'est une mesure à laquelle on commandait l'obéissance (1).

---

(1) Voici l'arrêté du 3 juillet 1815 :

Nous, René Depierre, comte de Bernis, chevalier de dévotion de l'ordre de Saint-Jean de Jérusalem, officier supérieur des gardes-du-corps de MONSIEUR, commissaire-extraordinaire du Roi dans les départements du Gard et de la Lozère, par commission datée de Barcelonne, le 10 juin 1815, *signé* LOUIS-ANTOINE ;

Et nous, Alexis, marquis de Calvière, officier supérieur de la première compagnie des mousquetaires du Roi, chevalier de la légion-d'honneur, aussi délégué,

Arrêtons :

ARTICLE PREMIER.

Tout fonctionnaire public, soit civil, soit militaire, nommé par Buonaparte depuis le premier mars, cessera toute fonction à l'instant de la publication du présent, à moins qu'il ne reçoive de M. le Préfet, ou de M. le Général commandant le département, l'ordre de continuer.

ART. II.

Est nommé préfet du Gard, M. Jules, baron de Calvière, ancien maire de Saint-Gilles.

ART. III.

Est nommé commandant du même département, M. Jean de Barre, maréchal-de-camp des armées du Roi.

ART. IV.

Est nommé commissaire-général de police du département du Gard, M. Vidal, avocat.

La ville de St.-Gilles, Villeneuve-lès-Avignons, Bagnols, Uzès, Alais, le Vigan, Sommières, et les villages environnants, suivirent rapi-

---

ART. V.

Tout receveur des deniers publics est comptable à l'administration royale; les versements qui seraient faits dans les caisses autres que celles du Roi, à dater de ce jour, sont déclarés nuls et non admissibles en compte.

ART. VI.

Toute société armée et non armée, toute fédération, tout rassemblement formé contre l'autorité du Roi, seront sur-le-champ dissous.

Les fédérés se rendront dans leurs communes respectives, pour y faire leur soumission aux autorités royales, y déposer leurs armes, et y demeurer en surveillance jusqu'à nouvel ordre.

ART. VII.

Tous fédérés, gardes nationaux et autres citoyens qui, dans les trois jours de la publication du présent, resteront en armes et ne se seront pas conformés aux dispositions de l'article précédent, seront poursuivis, arrêtés et traduits devant un conseil de guerre, pour y être jugés dans les vingt-quatre heures, et punis conformément aux lois et ordonnances du royaume.

ART. VIII.

A cet effet, le préfet et le commandant du département nommeront sans délai un conseil de guerre, conformément aux dispositions de l'ordonnance du Roi, du 6 mars de la présente année, relative aux embaucheurs et provocateurs à la désertion.

dement l'impulsion donnée par Beaucaire et Aiguesmortes, et le drapeau blanc y fut arboré.

ART. IX.

Tous les emblêmes du gouvernement de Buonaparte disparaîtront. Les dispositions seront prises sur-le-champ par les autorités locales, à la diligence desquelles l'exécution du présent article est confiée sous leur responsabilité personnelle.

ART. X.

Il est ordonné à tout militaire, de quelque grade qu'il soit, de rentrer dans ses foyers, pour y attendre les ordres du Roi; il leur est en conséquence défendu de reconnaître à l'avenir les ordres de l'ex-général Gilly, ni de tout autre chef qui donnerait des ordres au nom de Napoléon Buonaparte, ou de la commission de gouvernement établie à Paris.

ART. XI.

Tout militaire qui se présentera à notre quartier-général, recevra du général commandant une feuille de route pour se rendre dans ses foyers, ou sera, s'il y consent, sur-le-champ classé dans l'armée royale du Gard.

ART. XII.

Il est enjoint aux gardes nationaux mis en mouvement hors de leur territoire, de rentrer sans délai dans leurs communes, ou sous les ordres de l'autorité locale. Ils maintiendront l'ordre et la tranquillité publique. Seront considérés comme ennemis du Roi et traités comme tels, les gardes nationaux qui n'obéiront pas sur-le-champ au présent article.

Fait et arrêté au quartier-général de Beaucaire, le 3 juillet 1815.

Comte RENÉ DE BERNIS.

Marquis de CALVIÈRE.

Mais le général Gilly, commissaire-extraordinaire de Buonaparte et commandant de ses forces militaires dans cette division, occupait la ville de Nîmes. Il arrivait de Montpellier, qu'il avait traité militairement ; il fit des dispositions pour attaquer les royalistes réunis à Beaucaire, afin de les réduire et de rétablir les emblêmes révolutionnaires. Il fallut donc former l'armée royale.

Un régiment d'infanterie, composé de trois bataillons, fut organisé sur-le-champ avec les volontaires royaux qui avaient servi sous les ordres de Monseigneur le duc d'Angoulême. Le commandement en fut confié à M. Henri de Bernis (maintenant lieutenant-colonel de la légion du Gard). Un escadron de chasseurs à cheval fut également organisé (1). Plusieurs officiers montés offrirent de servir gratuitement ; ceux qui n'entrèrent pas dans ces deux corps, restèrent, en faisant toujours partie de cette armée royale, comme volontaires sans solde, et les services qu'ils ont rendus sont au-dessus de tout éloge. Les autres royalistes demeurèrent à Beau-

---

(1) Cette organisation fait honneur au zèle et au dévouement du commissaire des guerres Pénot, lequel avait été compris dans la convention de la Pallud. Il fut nommé provisoirement commissaire-ordonnateur, faisant les fonctions d'inspecteur aux revues.

caire comme gardes nationaux, à la charge de la ville.

Il était nécessaire aussi pour éviter le trouble et la confusion, de pourvoir à la nourriture, à la solde, à l'équipement et à l'armement des corps qu'on venait de former.

Les Anglais débarquaient des troupes et des armes à Marseille. Je me rendis dans cette ville auprès de M. de Rivière, commissaire-extraordinaire du Roi dans la 8e. division militaire. J'obtins mille fusils, mille gibernes et dix mille cartouches d'infanterie (1).

M. de Calvière envoya d'Aiguesmortes deux pièces de quatre, deux caissons garnis, avec une compagnie d'artillerie commandée par M. Achard.

Un arrêté du 3 juillet alloua aux troupes royales, destinées à agir activement, la solde et les vivres de campagne (2).

---

(1) Ces objets d'armement ne parvinrent cependant à l'armée royale du Gard qu'après la reddition de la ville de Nîmes.

(2) Le commissaire du Roi, etc., considérant qu'il est essentiel d'assurer la solde et les subsistances des troupes royales réunies actuellement ou qui le seront dans ce département,

Arrête :

ARTICLE PREMIER.

Les habitants du département du Gard sont invités à payer,

dans le délai de trois jours, le douzième de leurs impositions, échu au premier juillet.

ART. II.

Tous les fonds publics seront versés dans la caisse du payeur de l'armée, ce qui sera constaté par des procès-verbaux que dressera M. l'Ordonnateur.

ART. III.

Aucun paiement ne pourra être fait, sans mandat de l'ordonnateur ou du sous-inspecteur aux revues.

ART. IV.

Les troupes royales destinées à agir activement, recevront, à compter du jour de leur organisation, la solde et les vivres de campagne déterminés par les règlements militaires; à cet effet, les sous-inspecteurs aux revues dresseront les procès-verbaux d'usage.

ART. V.

Les gardes nationales ne jouiront des avantages indiqués par l'article précédent, qu'autant qu'elles sortiraient de leurs départements; dans le cas contraire, elles seront seulement logées et nourries par les habitants, tant qu'elles seront requises.

ART. VI.

La cavalerie royale et les gendarmes seront en tout assimilés à la cavalerie de la ligne, et recevront la même solde.

ART. VII.

Messieurs les préfets, sous-préfets et maires s'entendront avec M. le commissaire-ordonnateur Pénot, faisant fonctions de sous-inspecteur aux revues, pour l'exécution du présent arrêté; ils veilleront à ce que les lois et règlements militaires soient religieusement observés, et me rendront compte périodiquement de toutes leurs opérations.

Fait au quartier-général de Beaucaire, le 3 juillet 1815.

Comte RENÉ DE BERNIS.

Un autre arrêté, du 7 du même mois, ordonna une réquisition de mille paires de souliers (1);

---

(1) Le commissaire du Roi, considérant qu'il est aussi juste qu'urgent de pourvoir à la chaussure d'une partie des sous-officiers et soldats composant les bataillons des gardes royaux déjà organisés et réunis à Beaucaire; reconnaissant qu'il serait impolitique et injuste d'en faire supporter la charge par les communes soumises, tandis que celles qui sont en état de rébellion contre leur légitime souverain, seraient à l'abri d'une dépense qu'elles occasionnent, Arrête :

ARTICLE PREMIER.

M. le Préfet du département du Gard ordonnera de suite le confectionnement de mille paires de souliers, sur trois tailles, un tiers grande, un tiers moyenne, et un tiers petite, en veau retourné, bordés en bazanne, la semelle extérieure en cuir fort à la Jusée, garnis sur les bords, ainsi qu'aux talons, d'une quantité suffisante de clous à tête ronde.

La répartition en sera faite de la manière suivante, savoir :

Beaucaire.	100	Aiguesmortes.	45
Uzès et son arrondissem.	350	Fournès.	10
Manduel.	25	St.-Bonnet.	10
Redessan.	15	Fourques.	20
Vallabrègues.	25	St.-Gilles.	60
Comps.	15	Sernhac.	20
Montfrein.	30	Ledenon.	10
Aramond.	40	Marguerite.	25
Meynes.	15	Cabrière et Poulx.	10
Thésiés.	10	Besouces.	15
St.-Vincent et Jonquière.	15	Aimargues.	25
Bouillargues et Garon.	25	St.-Gervasy.	10
Bellegarde.	15	Sommières et son canton.	60

enfin, un troisième arrêté était relatif à une réquisition de cent soixante-douze chevaux équipés pour les chasseurs (1).

ART. II.

MM. les Maires des communes désignées ci-dessus feront, dans le délai de dix jours, le versement, à Beaucaire, du contingent qui leur est assigné.

ART. III.

Le prix de ces souliers sera établi par M. le Préfet, d'après les mercuriales; il en sera fait un décompte, par commune, sur le procès-verbal de réception dressé par le commissaire des guerres, et le montant en sera supporté par les communes insoumises à la date du présent. En cas de refus de leur part, M. le Préfet est autorisé à employer des moyens coërcitifs, et à placer des garnisons aux frais des habitants.

ART. IV.

Le présent arrêt sera transmis à M. le Préfet du Gard, qui le fera exécuter sur-le-champ.

Comte RENÉ DE BERNIS.

(1) Le commissaire-extraordinaire du Roi, etc., sur le rapport qui nous a été fait par M. le chef d'escadron Chapelle, duquel il résulte que les hommes composant le corps des chasseurs royaux qui s'organise à Beaucaire, ne sont point encore montés, et qu'il ne peut se procurer les chevaux nécessaires; considérant qu'il est très urgent de venir au secours de ce corps, et de lui fournir les moyens de se monter, Arrête :

ARTICLE PREMIER.

Il sera fait une réquisition de cent soixante-douze chevaux dans les communes ci-après désignées, savoir :

On voit, par la lecture de ces pièces, que ces réquisitions, commandées par les circonstances, n'ont été établies d'abord que sur les communes

Beaucaire.	6	St.-Quintin.	2
St.-Gilles.	15	St.-Hyppolite-de-Montègne.	1
Mauduel.	4	Lacapelle et Inses-Molen.	1
Redessan.	4	St.-Maximin.	2
Jouquières et St.-Vincent.	2	Blauzac.	2
Bellegarde.	4	Collias.	2
Marguerite.	2	Sanilhac.	2
Meynes.	2	Ledenon.	1
Montfrein.	3	Tavel.	1
Aramon.	3	Pougnadourse.	1
Sernhac.	2	Cavillargues.	2
Thésiéz.	1	St.-Marcel-de-Carcizet.	2
Besouce.	2	St.-Pont-de-la-Calme.	1
Cabrière et Poulx.	1	Sagries.	1
Bouillargues.	3	Vers.	3
Aimargues.	3	Castilhon.	1
Aiguesmortes.	3	St.-Hilaire.	1
Aiguevives.	2	Fournés.	1
Sommières.	6	Mandement Ste.-Hanastasie.	3
Uzès.	6	Pouzillac.	1
Saint-Esprit.	6	Tresque.	1
Bagnol.	4	Coudolet.	1
Roquemaure.	4	Navacelle.	1
Villeneuve.	4	Rivières.	1
Chusclan.	2	Tharaux.	1
St.-Laurent-des-Arbres.	2	Barjac.	2
Connaux.	2	St.-Laurent-de-la-Vernede.	2
Valliguière.	2	St.-Victor-des-Onces.	1

qui se sont montrées fidèles à la cause royale, et qui sont toutes catholiques. Qu'on juge maintenant si, dans la répartition formée, on vou-

---

St-Victor-de-la-Côte.	2	St.-Laurent-de-Carnoli.	1
Laudun.	3	Goudargues.	2
Orsan.	1	Cornilhon.	1
Paujaud.	1	St.-André-de-Roque-Pertuis.	1
Les Angles.	1	St.-Julien-de-Perothen.	1
Rochefort.	1	Legarn.	1
Sazes.	1	Issirac.	1
Sabrau et le Mandement.	4	Laval.	1
Venezan.	1	Verseuil.	1
St.-Etienne-du-Sort.	1	Soularache.	1
St.-Gervais.	1	Labruyère.	2
St.-Michel-d'Euzet.	1		

ART. II.

Les chevaux doivent être à tous crins, exempts de tout vices redhibilaires, et hors des dangers de la castration; cependant on pourra au besoin prendre les chevaux à courte queue; leur taille, prise sur potence, doit être de quatre pieds cinq pouces. Le prix de ces chevaux ne pourra excéder trois cent soixante francs.

ART. III.

Les selles et les brides seront fournies par les communes où ces chevaux seront requis; leur valeur en sera estimée, et le paiement en aura lieu après la réception.

ART. IV.

Les chevaux seront conduits à Beaucaire dans le délai de cinq jours, pour y être reçus par le commissaire des guerres,

lait fouler spécialement les protestants, pour ne laisser peser aucune de ces charges sur les catholiques (1).

Mais quelle calomnie n'a pas été employée par ces libellistes, quelque invraisemblable et absurde même qu'elle dût paraître !....... *Calomnions toujours, il en restera quelque chose.* Ils auraient inventé cet affreux principe, s'il n'avait été trouvé avant eux.

La ville d'Avignon, comprimée par les troupes du gouvernement provisoire, réunies aux fédérés et aux invalides de la succursale, conservait non seulement le drapeau tricolore, mais

---

en présence d'un député de la commune, d'un artiste vétérinaire, et d'un officier de cavalerie, qui en feront l'estimation.

ART. V.

Toutes les dépenses relatives à cette réquisition seront prises sur les impositions directes et indirectes.

Comte RENÉ DE BERNIS.

(1) Si dans l'arrêté pour la fourniture des souliers, on dit que le prix en sera payé par les communes non encore soumises, on voit bien que ce n'est qu'une menace qui n'a point eu d'exécution. Pour les chevaux aussi requis, le prix devait en être pris sur le produit des impositions : mais ce qu'on ne voit nulle part, c'est que les religionnaires dussent payer plus que les catholiques. On pouvait menacer les rebelles, parce qu'ils étaient rebelles; mais non pas parce qu'ils professaient une religion plutôt qu'une autre.

menaçait aussi la ville de Villeneuve-lès-Avignon, qui avait arboré le drapeau blanc. C'est pourquoi les gardes nationales de la rive droite du Rhône furent mobilisées, et mises sous les ordres de MM. d'Aramond et de Castion. Quelques coups de fusil furent échangés; et le bac à Traille, qui communique de Villeneuve à l'île de la Barthelasse, fut retiré sur la rive droite du fleuve. D'un autre côté, les rebelles de Château-Renard, soutenus par ceux d'Avignon, occupaient en forces le pont de Nove sur la Durance. Il devint essentiel de les en chasser, parce qu'ils menaçaient de se porter sur Tarascon, de s'emparer du pont de bateaux de Beaucaire, et d'intercepter ainsi toute communication avec la Provence, où le maréchal Brune, qui commandait un corps, paraissait vouloir se replier sur le Rhône par Aix. Ce mouvement même aurait pu être combiné avec le général Gilly.

Le colonel Magnier marcha donc sur les rebelles, les débusqua de leurs positions, et les rejeta de l'autre côté de la Durance.

La ville d'Arles n'avait aucune force disponible. Les royalistes suffisaient à peine pour résister aux fédérés. La ville du Pont-St.-Esprit était encore comprimée par sa citadelle, qui avait été réparée et qui était occupée par des troupes du général Gilly, sous les ordres d'un chef de bataillon. Les gardes nationales mobilisées interceptèrent, autant qu'il fut possible, les communications de cette place avec celles de Nîmes et d'Avignon. Néanmoins, elles ne purent empêcher que deux pièces de quatre et deux caissons, escortés par un détachement de chasseurs à cheval, n'en sortissent et n'arrivassent à Nîmes, quoique ce détachement ait été attaqué par les paysans de Vers et de Valiguière.

Les forces de ce général Gilly se composaient d'environ cinq cents hommes du 13e. régiment de ligne, de deux compagnies des voltigeurs du 63e., de deux cent cinquante chasseurs à cheval du 14e., de quatre-vingts gendarmes montés, d'un grand nombre d'officiers à demi-solde, réunis sous la dénomination de *Bataillon sacré*, de neuf cents hommes de la garde urbaine qui lui étaient dévoués, et de quinze à seize cents paysans insurgés des Cévennes, de l'Avaunage et de la Gardonenque, tous bien armés et soutenus par plusieurs pièces de canon, que servait une compagnie d'artillerie de la ligne.

Celles des royalistes, à Beaucaire, étaient en apparence bien plus faibles : elles ne s'élevaient pas au-dessus de quinze cents hommes, composées du 1er. régiment du Gard, mal armé (les fusils et les munitions n'étant pas encore arrivés de Marseille), de cent chasseurs à cheval commandés par M. le chef d'escadron Chapelle, de deux pièces de quatre et de quatre caissons avec trente canonniers, sous les ordres du capitaine d'artillerie Achard.

Mais le colonel Magnier, dont la bravoure et les talents militaires sont aussi connus que son dévouement au Roi, avait formé à Tarascon un escadron de cavalerie et trois compagnies d'infanterie; il était prêt à se joindre aux troupes royales de Beaucaire. La garde nationale, c'est-à-dire, la population entière de cette dernière ville et de la ville de Tarascon, ainsi que celle de toute la contrée qu'on appelle la côte du Rhône, attendaient avec impatience le signal d'attaquer les rebelles et de marcher sur Nîmes, où les appelaient les vœux de l'immense majorité des habitants, impatients de secouer le joug du despotisme des militaires de Buonaparte, et de rentrer sous la domination paternelle de leur légitime souverain.

Malgré le dénûment d'armes et de munitions où se trouvaient les royalistes, il leur eût donc été facile de forcer la position de Nîmes, et d'en chasser les rebelles et leur général.

Mais dans la crainte de ne pouvoir (à la suite d'une occupation de vive force) contenir une population exaspérée par les persécutions de tous genres qu'elle venait d'éprouver à raison de son attachement à la cause royale, les chefs des royalistes, plus jaloux de rétablir sans effusion de sang, la paix dans leur patrie, que d'obtenir un succès, militaire tentèrent la voie de la persuasion.

Il fut adressé à la ville de Nîmes une sommation de rentrer sous l'autorité de son souverain légitime. L'officier qui en était portcur n'ayant pu pénétrer dans la ville, la remit au commandant du poste de la barrière.

Le lendemain, des émissaires du général Gilly adressés au général. . . . , qui était renfermé dans Avignon, furent arrêtés par les patrouilles des troupesr oyales; et les dépêches dont ces émissaires étaient porteurs, donnèrent connaissance du plan des rebelles. Le général Gilly invitait le commandant d'Avignon à passer le Rhône à Villeneuve, pour venir le joindre à Nîmes; il promettait de faire en même temps une diversion sur Beaucaire. Tout fut prévu : le courage des habitants de Villeneuve rendit cette tentative inutile; ils repoussèrent les troupes d'Avignon. Les gardes nationales de Roquemaure et des communes voisines accoururent au secours, mirent Villeneuve à l'abri de toute entreprise.

Le mouvement de Gilly fut également arrêté du côté de Beaucaire, et ses troupes ne purent dépasser le village de *Courboussote*, situé à moitié de la distance de Nîmes à Beaucaire.

Les royalistes cependant poussaient chaque jour de fortes reconnaissances, souvent jusqu'aux portes de Nîmes, où elles jetèrent plusieurs fois l'alarme. Le conseil municipal de cette ville députa, à différentes reprises, quelques-uns de ses membres, qui portèrent d'abord des propositions qui ne purent être admises, parce qu'elles étaient contraires à mes instructions, et incompatibles avec l'honneur et le devoir des troupes royales. Enfin le 6 juillet, espérant qu'on travaillerait plus efficacement au rétablissement de la paix, pendant une trève, les chefs royalistes consentirent à une suspension d'armes avec MM. les Commissaires du conseil municipal de Nîmes, qui prirent sous leur garantie l'adhésion du général Gilly, avec lequel on ne voulait avoir aucun rapport direct.

Il fut convenu que la rupture de l'armistice serait dénoncée vingt-quatre heures à l'avance, par ceux qui voudraient recommencer les hostilités, et que jusque-là chaque armée se tiendrait renfermée dans la ligne qu'elle occupait.

Plusieurs négociations eurent lieu les jours suivants, entre les autorités royales et le conseil municipal de Nîmes; le commissaire du Roi demandait l'expulsion du général Gilly, que sa conduite trop coupable envers S. A. R. Monseigneur le duc d'Angoulême, rendait inadmissible dans cette négociation; il demandait, en outre, le licenciement des fédérés et des autres corps irréguliers organisés pendant la révolte, la soumission des habitants et des troupes de ligne au gouvernement du Roi, et la réorganisation de la garde nationale en remplacement de la garde urbaine. Ce dernier article était d'autant plus important, que cette garde urbaine de Nîmes, dont on avait écarté tous les royalistes pendant les cent jours, était composée de tout ce qu'il y avait de plus ardent parmi les révolutionnaires; qu'elle avait été l'agent le plus actif des poursuites et des vexations exercées sur les volontaires royaux et leurs familles, soit à Nîmes, soit dans les villes circonvoisines, et qu'elle n'aurait pu se trouver en contact avec les troupes et la population royalistes, sans provoquer les plus grands désordres.

Le commissaire du Roi proposait que la nouvelle garde nationale fût formée sur un contrôle d'hommes choisis par le conseil municipal, parmi les habitants royalistes, *sans distinction d'opinion religieuse;* ce contrôle, qui aurait contenu le double de ce qu'il fallait d'individus, aurait été envoyé à Beaucaire, au général de Barres (*protestant*), commandant les troupes royales, qui l'aurait réduit à moitié et l'aurait renvoyé au conseil municipal, avec l'autorisation nécessaire pour faire sur-le-champ l'organisation.

Si ces conditions eussent été accueillies, les autorités royales se seraient rendues à Nîmes avec les deux régiments de ligne nouvellement formés; et trouvant dans cette ville une force intérieure suffisante dans cette nouvelle garde nationale, dans les troupes de ligne et la gendarmerie, elles eussent pu rétablir le gouvernement du Roi, et maintenir l'ordre et la tranquillité qui sont toujours menacés dans ces moments critiques, surtout dans un pays où tant de persécutions et d'injures récentes avaient nécessairement animé les passions d'un peuple fier et sensible. Ces vœux du commissaire du Roi et de ses collaborateurs, qui étaient partagés par la grande majorité des habitants et du conseil municipal, furent déçus: le général Gilly, espérant des secours de la dislocation de l'armée de la Loire, croyant pouvoir se saisir de l'artillerie de M. le maréchal Suchet, qu'il savait qu'on devait diriger par le Rhône, sur la citadelle du Saint-Esprit, occupée encore par ses troupes, se livra à son chimérique plan d'une défense prolongée dans les montagnes des Cévennes, de la Lozère, de l'Aveyron et de l'Ardèche.

Aussi, la convention qu'on avait consentie

avec le conseil municipal ne fut pas plus religieusement observée que celle de la Pallud; les troupes du général Gilly se portèrent sur plusieurs villages qui avaient arboré le drapeau blanc, et notamment à Marguerite, où elles firent flotter, pendant quelques heures, leur drapeau tricolore; et, au mépris de ce qui était arrêté, ce général se permit aussi de requérir les gardes forestiers des communes déjà soumises au Roi, de se rendre à Nîmes avec leurs armes (1).

---

(1) Fragment d'une lettre du Commissaire-extraordinaire du Roi, à M. Madier-Monjeau, membre du conseil municipal de la ville de Nîmes, et un de ses députés.

Quartier-général de Beaucaire, 9 juillet 1815.

. . . . Au reste, Monsieur, je pourrais, à bien plus juste titre, récriminer contre M. le général Gilly, qui, postérieurement à la capitulation, a requis avec menace tous les gardes-champêtres de mon arrondissement de se rendre en armes à Nîmes. J'ai en main l'ordre signé ROUSTAN. . . . . Au reste, tous ces événements, inévitables peut-être dans l'état actuel, prouvent de plus en plus la nécessité de terminer promptement. Mettons un terme aux calamités qui affligent notre pays; que la ville de Nîmes redevienne française, qu'elle se soumette à son Roi, qu'elle cesse d'être la capitale du royaume de M. le général Gilly; *elle évitera des malheurs prêts à fondre sur elle : plus de la moitié de la population du département est prête à s'y précipiter; j'ai peine à la contenir; qu'elle fasse elle-même quelque chose pour se sauver. Je vous l'ai promis, je vous le répète,*

Le 10 juillet, nous dénonçâmes l'armistice en ces termes :

» Au Quartier-général de Beaucaire, le 10 juillet.

» *A Messieurs les Membres du Conseil Municipal, et notables Habitants de la ville de Nîmes.*

MESSIEURS,

» M. Barre-Peyre, votre député, nous remet aujourd'hui un nouveau projet de suspension d'armes; nous avons, vous le savez, Messieurs, fait tous les sacrifices compatibles avec l'honneur, pour éloigner de la ville de Nîmes les horreurs de la guerre. Vous avez vu notre émotion, seule idée des maux incalculables dont était menacée notre patrie, et peut-être ce sentiment si naturel nous a-t-il fait transiger avec nos ordres.

» Aujourd'hui, Messieurs, un devoir plus im-

---

j'ai la volonté d'y ramener l'ordre et la paix. Je sais que si elle renferme des coupables dans son sein, la majorité des hommes bons ou seulement égarés, est immense; et, vous le savez comme moi, la clémence de notre Roi est plus immense encore : qu'on y recoure donc, qu'on s'entende avec moi, et, en agissant d'accord, nous sauverons nos concitoyens.

Comte RENÉ DE BERNIS.

N. B. Cette lettre est-elle d'un homme qui voulait mettre tout à feu et à sang ?

périeux, un devoir tyrannique ne nous permet plus d'écouter nos sentiments; l'honneur parle, il ne nous reste plus qu'à obéir.

» Le Roi est à Paris, les puissances le reconnaissent; nul doute à cet égard ne doit rester au plus incrédule, puisque M. le comte de Polignac administre au nom du Roi, et comme son commissaire, le Dauphiné, occupé par les Autrichiens. Cet événement nous trace nos devoirs respectifs; nous devons exécuter les ordres du Roi, et vous devez rentrer dans les rangs de ses fidèles sujets. Nous ne doutons pas, Messsieurs, que vous ne nous donniez incessamment le plaisir d'annoncer à S. M. qu'elle peut compter la ville de Nîmes au nombre des plus dévouées de son royaume, et vous devez être assurés que nous accéderons à tous les moyens que vous voudrez nous proposer, pour que ce beau jour ne soit troublé par aucun nuage; mais, nous vous le répétons, il nous est impossible de différer plus long-temps. Dans la journée de demain, le drapeau blanc doit flotter sur vos édifices.

» Si, contre notre attente, les mauvais esprits qui continuent d'influencer votre ville, vous portaient à vous refuser au seul parti honorable qui vous reste, nous vous le disons avec douleur, nous vous dénonçons la rupture de l'armistice, à dater d'après-demain, *douze juillet*, à quatre heures du matin; de manière que l'état d'hostilité recommencera le lendemain *treize*, aussi à quatre heures du matin. Nous vous conjurons, Messieurs, d'épargner à votre ville, comme à nous, cette cruelle nécessité. Nous vous déclarons qu'ayant fait tout ce qui était en notre pouvoir, vous demeurerez seuls responsables des malheurs que nous avons voulu éviter.

« Comte RENÉ DE BERNIS. »

Le 12 juillet, Napoléon II fut proclamé en grande pompe, à Nîmes, par le général Gilly, la garde urbaine, les fédérés et les troupes irrégulières, traînant après eux ce qu'ils purent ramasser d'habitants, et les autorités constituées. Les royalistes furent encore, à cette occasion, insultés et maltraités; le lendemain un d'eux fut tué d'un coup de fusil, à sa fenêtre.

L'exaspération devint alors extrême parmi la nombreuse population royaliste que renfermait Nîmes : plusieurs habitants, franchissant au péril de leur vie les postes des rebelles, arrivèrent à Beaucaire, pour y raconter la situation périlleuse de leurs familles, et réclamer la protection et les secours de l'armée royale.

Ce déchirant tableau, exposé par ces hommes qui avaient laissé leurs femmes et leurs enfants sous le fer de l'ennemi, produisit une telle sensation, qu'on voulait partir sur-le-champ pour sauver et venger ces malheureuses victimes de leur dévouement au Roi. Ce fut avec des peines infinies que les chefs arrêtèrent ce mouvement. Quelque émus qu'ils fussent eux - mêmes, ils espéraient atteindre le but si desiré d'une heureuse pacification. Ils arrêtèrent cet élan, et suspendirent la marche sur Nîmes, jusqu'à ce qu'on eût composé les éléments de la nouvelle garde nationale.

Le 14 au soir, le général Gilly évacua la ville, à la tête de quatre-vingts chasseurs à cheval, de quelques fédérés, et des paysans de la Gardonenque; il prit position sur la route d'Anduze à Nîmes. Il observait cette dernière ville, et il avait fait espérer aux partisans, qu'il y avait laissés en assez grand nombre, qu'il y rentrerait bientôt.

Le dimanche 15, le peuple de Nîmes désarma la garde urbaine, et demanda que l'artillerie enfermée aux casernes lui fût confiée, pour qu'elle ne fût pas livrée au général Gilly, auquel on pouvait la faire parvenir. Beaucoup d'habitants des campagnes, armés de tout ce qu'ils avaient pu se procurer, étaient accourus. Les fédérés, même ceux qui avaient été désarmés, beaucoup de la garde urbaine, et ce qui restait dans la ville des compagnies franches étrangères, s'étaient malheureusement renfermés dans les casernes avec les troupes; on était prêt d'en venir aux mains; le danger était imminent. Le général qui avait remplacé le général Gilly dans le commandement, et le maire de la ville, s'interposèrent pour rétablir la paix. Il fut convenu que l'artillerie serait conduite aux arènes sous la garde du peuple.

Par suite de cet accord, le peuple, formé en colonnes par les chefs qu'il s'était nommés, marcha avec un drapeau blanc par le boulevard des Calquières, vers les casernes, afin d'y recevoir l'artillerie; mais à peine cette troupe débouchait pour se former en bataille, que les portes des casernes furent fermées, et qu'une vive fusillade, partie des fenêtres, tua et blessa plusieurs royalistes. La trahison aurait été plus complète, sans le noble dévouement d'un officier d'artillerie de la garde urbaine. Une pièce de canon, chargée à mitraille, était placée sous la porte de la caserne; il emporta les boutefeux, et sauva ainsi la vie à une infinité de ses concitoyens: si je suis bien informé, ce brave homme s'appelle Durand.

Les Nîmois ne furent point déconcertés d'une surprise qui aurait pu ébranler des troupes plus régulières; ils se rangèrent le long des maisons qui avoisinent, et, sans aucun retranchement, ils soutinrent le feu jusque bien avant dans la nuit, qu'ils passèrent dans cette position défavorable.

Cependant le tocsin de la ville, répété de proche en proche dans les campagnes, amenait à tout instant de nouveaux renforts aux royalistes, et cette migration des campagnes dans la ville, dura toute la journée du lendemain; elle fut successive en proportion des distances qu'avaient à parcourir les nouveaux arrivants.

Dès le commencement de cette affaire, le conseil municipal avait envoyé un courrier au commissaire du Roi, pour inviter les autorités royales à se rendre à Nîmes. Ce courrier arriva à Beaucaire à neuf heures du soir; il était porteur du nouveau contrôle des gardes urbaines; mais le mal qu'on avait voulu éviter, était déjà arrivé.

Le commissaire du Roi fit partir sur-le-champ et en poste le chef d'escadron l'Ayre, qui, par sa popularité et son dévouement connu à la cause royale, pouvait le mieux réussir dans les voies de conciliation qu'il devait tenter. Cet officier arriva à Nîmes avant le jour: les casernes avaient capitulé; les troupes sortirent pour être dirigées sur Uzès. Des paysans, arrivant des campagnes, les attaquèrent en chemin; quelques soldats périrent : ce fut un malheur qu'on ne put ni prévoir ni empêcher.

Les troupes de Beaucaire partirent de nuit pour se rendre à Nîmes. M. de Calvière, sorti d'Aiguesmortes, les rejoignit en route. Accompagné de cet officier, de plusieurs autres, et escorté de quelques chasseurs, je devançai l'armée et nous entrâmes dans la ville dès le matin; nous fûmes reçus aux cris de *vive le Roi!* Le drapeau blanc était à toutes les fenêtres. L'armée royale n'arriva qu'à midi, ayant à sa tête le maréchal-de-camp, chevalier de Barre; la ville était inondée d'étrangers; tous, ainsi que le peuple, s'étaient armés dans les casernes, en se saisissant des fusils qu'ils y avaient trouvés, et de ceux qu'ils avaient fait déposer à la garde urbaine, aux fédérés et à toutes les troupes irrégulières. Les troupes régulières s'étaient dispersées; un bon nombre des officiers avaient trouvé un asile contre la fureur du peuple, chez les habitants connus pour royalistes; les autres s'étaient portés sur Uzès: ceux-ci furent constitués momentanément prisonniers, afin de les mettre à l'abri des vengeances qu'on aurait exercées contre eux.

Le préfet, le commissaire-général de police, et d'autres autorités arrivèrent et furent immédiatement installés.

M. de Vogué était parti d'Uzès avec un bataillon de *miquelets royaux* qu'il avait organisé; il prit position près de Nîmes, sur la route d'Alais, observant celle de la Gardonenque, où s'était réfugié le général Gilly.

Dès le jour même, plusieurs fortes reconnaissances furent portées vers l'Avaunage, pour éclairer les approches de la ville.

Mais comment eût-on pu éviter une commotion? Tous les ressorts du gouvernement se trouvèrent rompus à-la-fois; la proximité du général Gilly, qui s'éloigna lentement; sa retraite dans les Cévennes; les tentatives que firent les révolutionnaires pour mettre les contrées protestantes en mouvement; les succès que ces tentatives eurent sur quelques points; tout contribua à entretenir la fermentation parmi la population; cette fermentation ne pouvait s'éteindre spontanément; on ne réussit qu'à la modérer successivement, et pendant près de trois semaines il fut impossible d'empêcher l'introduction d'une portion considérable de la population des campagnes dans la ville de Nîmes.

Telles furent les causes des désordres déplorables, inévitables cependant, que l'esprit de parti s'est plu à défigurer et à exagérer.

Des actes de vengeance ont malheureusement été exercés; mais que n'ont pas fait les fonctionnaires supérieurs pour les empêcher? Leur vie a été souvent menacée; on les a vus de jour et de nuit parcourir les divers quartiers de la ville, ne compter pour rien les périls les plus imminents, auxquels ils s'exposaient afin de calmer un peuple exaspéré contre ses bourreaux, et qui n'oubliait pas les massacres récents commis après la violation de la convention de la Pallud.

Quelques maisons ont été dévastées, notamment le café de l'île d'Elbe. Deux ou trois métairies ont aussi été pillées (1); on voit que dans

---

(1) Arrêté que j'ai rendu.

Le Commissaire-extraordinaire du Roi, etc., instruit que des individus sans qualités se présentent dans les maisons des habitants de la ville de Nîmes, pour les désarmer; que souvent des gens malintentionnés, qui ne font partie ni des troupes royales, ni de la garde nationale de Nîmes, marchent à leur suite, et profitent de l'occasion pour s'introduire dans lesdites habitations et y commettent des vols;

Considérant que ces voies de fait troublent la tranquillité publique et compromettent l'honneur des troupes royales, qui sont incapables de se livrer à de pareils excès,

Arrête :

ARTICLE PREMIER.

Il est expressément défendu à tout individu, marchant isolément ou par troupes, de s'introduire, armé ou non armé, dans une maison quelconque, pour faire la recherche des armes qui peuvent s'y trouver, sans en avoir reçu l'ordre et sans être commandé par un officier.

ART. II.

Lorsqu'on présumera qu'il y a des armes dans une maison, on en préviendra le commandant de la place, qui donnera l'ordre à une patrouille, conduite par des officiers, d'en faire la recherche et l'enlèvement s'il y a lieu.

ces contrées, les révolutions diverses amènent toujours les mêmes résultats.

Toutefois, le nombre des personnes sur lesquelles ces vengeances ont été exercées, s'élève dans l'espace de six semaines, à 37, qui ont été tuées, dont 24 de la religion protestante, et 13 de la religion catholique. Elles étaient ou d'obscurs fédérés, ou des assassins des volontaires royaux. Ce mélange d'hommes des deux religions, quelle qu'en soit la proportion, prouve du moins que les opinions religieuses n'avaient aucune influence sur ce qui s'est passé, que l'opinion politique était tout. La totalité des meurtres commis dans le département du Gard, pendant tous les trou-

---

ART. III.

Tout homme qui, en contravention au présent arrêté, sera trouvé parcourant les rues avec des armes, lorsqu'il ne sera pas de service, et sans être accompagné d'un officier, sera arrêté sur-le-champ par la force-armée, et traduit devant le conseil de guerre, pour y être jugé et puni des peines déterminées par les lois.

ART. IV.

Ampliation du présent sera adressée tant à M. le Préfet du département du Gard, pour être, à sa diligence, imprimée, publiée et affichée dans la ville de Nîmes, qu'à M. le Maréchal-de-camp commandant le même département, pour en assurer l'exécution.

A Nîmes, le 21 juillet 1815.

Comte RENÉ DE BERNIS.

bles, ceux de la ville de Nîmes compris, n'excèdent pas 80. Ces malheurs sont déplorables sans doute; nous le répétons: mais qu'ils sont éloignés du nombre supposé par les pamphlétaires! Il est à remarquer que, dans ces affreuses circonstances, ce n'est que le bas peuple qui s'est livré à ces excès, tandis que dans les persécutions exercées contre les volontaires royaux, on a vu figurer des personnes d'une classe distinguée, et qu'alors aucun prétexte ne pouvait colorer les persécutions.

Les actes administratifs de l'autorité royaliste étant étrangers à l'objet de cet ouvrage, je les passe sous silence.

Cependant le général Gilly s'était retiré dans les Cévennes et dans la Gardonenque, où il fomentait de nouveaux troubles. Différents rapports et des ordres interceptés apprirent que des rassemblements se formaient, et qu'ils devaient se porter sur la ville de Nîmes; on les évaluait à environ 6 à 7000 hommes sur différents points. Deux colonnes, avec de l'artillerie, sortirent de Nîmes; elles occupèrent les routes du Vigan, d'Anduze et d'Alais; le résultat de cette expédition fut la dispersion momentanée des attroupements; quelques rebelles furent faits prisonniers, et des villages furent désarmés.

Pour éclairer sur son devoir et sur ses véritables intérêts ce peuple des Cévennes, de la Gardonenque et de l'Avaunage, que des factieux de la ville de Nîmes agitaient et poussaient à la révolte, des officiers pacificateurs furent envoyés dans ces contrées; leur mission avait un but bien différent de celui que les pamphlétaires prêtent aux chefs royalistes (1).

---

(1) M. Louis André-de-Corps, ancien officier de dragon, fut envoyé dans la partie de l'Avaunage comprenant les communes de Calvisson, Saint-Dionisy, Marvejols, Saint-Côme, Clarensac, Caveirac, Langlade, Nages, Saulorgues, Boissière, Vergès et Congeignes; M. le chevalier de Liebhaber, qui avait été adjoint à l'état-major de S. A. R. Monseigneur le duc d'Angoulême, fut délégué dans les Cévennes et la Gardonenque. Voici quel était son mandat :

Le Commissaire-extraordinaire du Roi, etc., en vertu des pouvoirs à lui délégués par S. A. R. Monseigneur le duc d'Angoulême, datés de Barçelonne, le 10 juin dernier, et conformément aux instructions du Roi, qui le chargent de rétablir l'ordre et la paix dans le département du Gard, d'en ramener tous les habitants à l'obéissance de Sa Majesté; voulant user de tous les moyens de douceur pour ramener les égarés, et les séparer des rebelles et des coupables agitateurs, avant d'employer la force des armes pour contraindre et punir ces derniers;

Nous avons nommé M. le chevalier Liebhaber, capitaine-adjoint à l'état-major de Monseigneur le duc d'Angoulême, commissaire-pacificateur dans les Cévennes, à l'effet d'éclairer les habitants de ces contrées sur les intentions paternelles du

Ils ne purent réussir complètement. M. de Vogué marcha sur la ville du Pont-Saint-Esprit,

---

Roi, sur celles des chefs de ce département, qui n'ont qu'un seul desir, et ne forment qu'un vœu, celui de rétablir l'autorité royale sans troubles et sans inquiétudes pour personne ; celui de protéger les personnes et les propriétés, sans distinction de religion : les protestants sont les enfants du Roi, comme les catholiques.

M. de Liebhaber parcourra, en conséquence de cet ordre, les différentes communes des Cévennes ; il cherchera à éclairer les peuples ; il signalera à la justice du Roi, les coupables qui chercheraient à contrarier l'heureux résultat que doit avoir sa mission, en semant de faux bruits, répandant des écrits séditieux, et cherchant à tromper les simples habitants des campagnes.

Le capitaine Liebhaber conférera à cet effet avec les autorités locales ; MM. les Sous-Préfets sont invités à lui donner tous les renseignements propres au succès de sa mission ; MM. les Maires, adjoints et autres officiers civils et militaires, sont aussi chargés, sous leur responsabilité personnelle, de l'aider de tous leurs moyens, pour parvenir à un heureux résultat : ils doivent lui donner assistance et main-forte toutes les fois qu'ils en seront requis, et auront pour lui l'obéissance et le respect dus à un délégué du Commissaire du Roi.

Le capitaine Liebhaber recevra les plaintes qui pourraient lui être portées, et démontrera à tous les habitants des contrées qu'il parcourera, que leur bonheur est d'accord avec les ordres de Sa Majesté ; qu'ils doivent retourner à leurs paisibles occupations ; et que, par ce moyen, ils éviteront tous les malheurs avec un bataillon de volontaires (1), et occupa la citadelle le 25 juillet.

Le 28, je reçus l'ordonnance royale du 19 précédent, portant révocation des pouvoirs des commissaires-extraordinaires.

Je cessai mes fonctions, et je me rendis à Toulouse auprès de S. A. R., à laquelle je rendis compte de ma mission.

M. le marquis d'Arbaud-Jouques vint administrer le département du Gard en qualité de préfet, en remplacement de M. de Calvière (Jules).

Des troupes autrichiennes occupèrent la ville

---

dans lesquels veulent les précipiter les mauvais Français, qui les trompent en calomniant les intentions du Roi.

Le Commissaire-extraordinaire du Roi espère que cette mesure pacifique ramènera la tranquillité dans les Cévennes. M. le chevalier Liebhaber lui rendra un compte particulier, pour chaque commune, du succès de ses opérations, afin qu'il soit pris telles mesures que les circonstances peuvent exiger.

Signé Comte RENÉ DE BERNIS.

Le lecteur peut juger, par la mission de M. Liebhaber, et par la nature de ses instructions, si les chefs royalistes voulaient persécuter les protestants.

(1) Ceux-ci avaient accepté la désignation de *miquelets*; mais ils avaient ajouté *royaux*. Ce n'est pas la première fois qu'en révolution, on a accepté, comme titre d'honneur, le nom distinctif que donnait le parti opposé.

de Nîmes, sous les ordres du général comte Stharemberg, conjointement avec les troupes royales.

Le 24 août, les chasseurs d'Angoulême ayant reçu ordre de se rendre à Alais, furent attaqués à l'improviste, dans le village de Ners, par des paysans insurgés. Il leur fallut évacuer ce village et se replier sur celui de Boucairan.

Ce nouveau rassemblement de rebelles devint assez considérable pour que le général comte Stharemberg crût nécessaire de faire soutenir les chasseurs français par des troupes autrichiennes et de l'artillerie. Le lendemain 25, un engagement assez sérieux eut effectivement lieu en avant du village de Boucairan; les rebelles furent battus et dispersés après avoir perdu un assez grand nombre des leurs. Trois ou quatre des prisonniers qui leur furent faits, ayant été conduits à Nîmes, le général autrichien les fit fusiller. Ce fait, défiguré comme tant d'autres, a été rétabli dans son intégrité par M. d'Arbaud-Jouques, en réfutant le rapport d'un révérend anglais, nommé Perrot (1).

---

(1) Voyez l'ouvrage intitulé : *Troubles et agitations du département du Gard, en* 1815, contenant le rapport du révérend Perrot, au comité des Ministres non-conformistes d'Angleterre, sur la prétendue persécution des protestants en

C'est à cet ouvrage que je renvoie le lecteur qui voudra connaître le surplus de ce qui s'est passé dans le département du Gard, parce que je suis devenu entièrement étranger à son administration, à compter de l'époque du 28 juillet 1815, et que la tâche que j'ai entreprise se bornait à dire ce que j'ai fait comme commissaire-extraordinaire du Roi. Je m'en suis imposé une autre que je vais aussi remplir, celle de répondre aux différents pamphlétaires et libellistes qui se sont attachés à défigurer les événements dans l'intérêt du parti auquel ils ont vendu leur plume.

Leur adresse est remarquable. Tout ce que l'hypocrisie a de plus raffiné, tout ce qu'un faux sentiment d'humanité peut étaler d'emphatique, tout ce que la calomnie surtout conseille de plus odieux et de plus perfide, est entré dans les calculs de leur plan. Mais leur chef-d'œuvre a été d'essayer de faire croire à une guerre religieuse, qui aurait été allumée dans le Midi. Quel vaste champ s'ouvrait devant eux! comme ils trouvaient encore à crier à l'intolérance, au fanatisme! comme ils allaient encore nous renouveler mille fois, et sous mille formes différentes, cette

France, et sa réfutation, par le marquis d'Arbaud-Jouques. A Paris, chez Demonville, imprimeur-libraire, rue Christine, n°. 2; Petit, libraire, Palais-Royal, galerie de bois. 1818.

phrase favorite des philosophes du 18e. siècle, *combien la religion peut causer de maux!* Mais à qui espèrent-ils de le faire croire? N'est-il pas malheureusement trop vrai que l'indifférence pour toutes les religions, est le sentiment dominant chez tous ceux que la révolution a démoralisés? et le nombre en est grand.

Je ne prétends pas réfuter tous les libelles écrits dans le même esprit; il y en a tant qu'on ne peut les connaître: et dans ceux que j'ai sous la main, je ne m'attacherai qu'à ce qui peut avoir rapport aux opérations auxquelles j'ai pris quelque part. Je craindrais de redire ce que tant d'autres ont dit: le mensonge peut prendre mille formes différentes, la vérité doit toujours être la même.

Le 31 juillet 1815, parut dans le journal de l'*Aristarque*, un article sur les événements arrivés dans la ville de Nîmes. On y impute aux royalistes tous les désordres; on leur reproche les cris frénétiques qu'ils poussaient, et ces cris étaient ceux de *vive le Roi!* On y insinue que le commissaire du Roi est la cause de tous les troubles qui ont eu lieu; *s'il n'avait existé de commissaire extraordinaire*, dit cet article, *l'autorité du Roi aurait été reconnue sans secousse dans le Gard.* Cette diatribe fut accueillie à Paris, par tous les gens du parti dont l'*Aristarque* était alors le journal favori; mais elle indigna dans le Midi; on n'y concevait pas comment la vérité avait pu être défigurée à ce point, et comment c'était dans la ville où se trouve le siége du gouvernement qu'on répandait, sous la surveillance des censeurs de la police, un pareil écrit.

Cet article ne resta cependant pas sans réponse; mais les journaux, ceux même qui sont rédigés dans le meilleur esprit, placés sous l'influence de la même censure, ne voulurent en publier aucune. Il fallut imprimer des brochures (1). Elles produisirent tout leur effet dans les départements méridionaux; mais paraissant au milieu des grands interêts généraux dont on était occupé, noyées dans le torrent des ouvrages de ce genre qui sortent de toutes les presses, elles ne purent être connues de la masse entière de la nation, comme l'avait été l'article accusateur.

Le récit des faits que nous avons présentés a dû prouver déjà combien cette allégation est mensongère : *S'il n'avait pas existé de commis-*

---

(1) Voyez *Mémoires, Rapports, et autres Pièces concernant les troubles du Midi*, chez Michaud, imprimeur du Roi, 1815; et *Histoire impartiale des événements arrivés à Nîmes, en 1790, jusqu'en* 1815, par M. Louis, vicomte de Perrochel, à Nîmes, chez Gaude fils, imprimeur-libraire, grande rue, 1815; et beaucoup d'autres.

saire-extraordinaire, l'autorité du Roi aurait été reconnue sans secousse dans le Gard! Mais le même commissaire existait pour le département de la Lozère; mais il y a eu d'autres commissaires-extraordinaires pour le département de l'Hérault, pour celui des Bouches-du-Rhône, et ailleurs. Si des secousses ont eu lieu à Nîmes, à Marseille, à Avignon, c'est seulement parce que le parti buonapartiste, réduit à une grande minorité numérique, opposait une résistance opiniâtre et fâcheuse; parce que ce parti, soutenu par les fédérés et les troupes qui avaient été celles de Buonaparte, accoutumé à comprimer la population, à étouffer le vœu du peuple, frémissait de fureur en voyant que, cette fois, il fallait céder à la majorité, dont on n'avait eu qu'à diriger l'action, et que le sceptre révolutionnaire qu'il avait ressaisi allait être brisé dans ses mains. Et comment, si l'on eût paisiblement souffert sa domination, *l'autorité du Roi aurait-elle été reconnue*, quand à Nîmes on s'obstinait à ne vouloir que Napoléon II pour souverain, après même qu'on avait appris que le Roi était rentré dans sa capitale, au milieu des acclamations d'un peuple fidèle et délivré? *Comment l'autorité du Roi aurait-elle été reconnue*, quand, dans le mois d'août 1815, il y avait encore des rassemblements qu'il a fallu dissoudre par la force des armes. Non, sans le courage et l'énergie dirigés du parti royaliste, de long-temps le Midi n'eût arboré le drapeau blanc. Éloignée de Paris, cette partie de la France était le lieu de retraite que s'était promis et ménagé le parti rebelle; c'est là que cette commission du gouvernement provisoire, que les régicides, que tous les agitateurs se seraient réunis. N'avaient-ils pas toujours, pour dernier refuge, la clémence du Roi, qu'ils savaient bien qui ne leur manquerait jamais? Du moment, au contraire, que le Midi s'est énergiquement prononcé, la soumission des rebelles est devenue un acte forcé. Ces événements ont surtout prouvé que les révolutionnaires ont de l'audace; mais que, du moment qu'on voudra les regarder en face, ils rentreront dans le néant où Buonaparte les avait plongés, et dont ils ne sont sortis que par la révolution de 1815. Phénomène que l'histoire seule expliquera.

Cependant, et après deux ans, tout était enfin calmé. On ne pouvait du moins reprocher aux royalistes d'avoir été les apologistes des meurtres et des pillages; ils avaient avoué ce qui était vrai; ils avaient constamment détesté les excès auxquels le peuple s'était livré : ils s'étaient seulement contentés de démontrer que ces désordres étaient nés des persécutions que les révolutionnaires avaient exercées contre les royalistes; que c'étaient des représailles; qu'il avait été impossible de les prévenir; qu'on en avait du moins arrêté le cours autant que les circonstances et les localités l'avaient permis, et qu'aucun fonctionnaire public ne pouvait être accusé d'avoir manqué de zèle et de fermeté. Tout était dit sur ces événements, et les royalistes avaient encore été calomniés pour prix de leur dévouement et de leur fidélité.

L'*Aristarque* n'existait plus. On ne pensait plus à lui, à son article, et aux réfutations qu'il avait occasionnées; mais ces hommes qui nous prêchent toujours l'oubli du passé commandé par la Charte, ne veulent rien oublier. Avec eux, il n'y a point de compensation : tous les crimes que les révolutionnaires ont commis, on doit n'en parler jamais; mais il faut multiplier les récits des désordres commis par le parti opposé; il faut que ces souvenirs renaissent sous mille formes diverses : c'est une cendre qu'ils agitent sans cesse.

Cette fois, c'est peu d'avoir réveillé l'attention sur les fâcheux événements du Midi, il leur a fallu employer, pour y réussir, un moyen honteux, disons le mot, le moyen le plus vil, puisqu'il laisse supposer que ceux qui l'ont mis en usage n'ont aucun sentiment d'amour de leur pays et d'orgueil national, et que ce moyen tend à soumettre la France et son gouvernement au jugement d'une faible fraction d'une population étrangère. Hé puis, croyez maintenant à tout ce vain étalage de patriotisme qu'on trouve dans les mots arrangés des écrits de ces libellistes! On y démêlera aussi cette abominable tactique, à l'aide de laquelle plusieurs de ces écrivains calomnient, en concertant leurs mesures; on y verra une véritable intrigue, et ce que nous pouvons appeler une machination infernale. Le lecteur va en juger.

Un nommé Perrot, anglais, ministre d'une secte de non-conformistes, suppose qu'animé du zèle de la religion qu'il professe, il s'est rendu en France; qu'il a parcouru les départements du Midi, notamment celui du Gard; qu'il a pris des notes exactes de ce qui s'y est passé dans les mois de juillet et d'août 1815; il prétend en avoir composé un rapport qu'il a fait à une assemblée de pasteurs non-conformistes; il y conclut que la guerre de quelques jours qu'on a faite dans le département du Gard, est une guerre de religion; que les calvinistes sont persécutés à cause de leur croyance; qu'ils n'osent ouvrir leurs temples et les fréquenter; qu'on emploie tous les moyens violents pour les convertir à la religion catholique, etc., etc., etc.

Les faits dans ce rapport sont cumulés, augmentés de la manière la plus perfide; le même événement y est plusieurs fois raconté d'une manière différente; pour y multiplier ces faits, à dessein, les époques y sont changées; *les lieux, les noms, les choses* sont défigurés; le mensonge et l'imposture y sont partout: on suppose que des troubles ont eu lieu, que des crimes horribles ont été commis là où il n'y en a point eu, ou dans des temps autres que ceux où il en a été commis. De cet assemblage monstrueux de quelques vérités défigurées, avec des suppositions atroces, on compose un tout, un enchaînement d'événements sans date, sans liaison, sans preuves; mais on y trouve toujours cette adresse qu'emploie l'hypocrisie sombre et réfléchie dans ses fureurs. L'auteur a consulté tantôt des catholiques, tantôt des calvinistes, et il n'ose nommer personne! Il convient qu'aucun protestant ne se plaint. Pourquoi? Le croira-t-on? C'est parce que ces malheureux sont tellement frappés de terreur, qu'ils craindraient, qu'ils redouteraient d'ajouter à la persécution sous laquelle ils sont accablés, s'ils élevaient la moindre réclamation. On pourrait ne pas croire à tant de perfidie, à l'audace qu'on a eue d'écrire un tel mensonge! Voici le texte:

J'ai fait, dit le sieur Perrot, *des recherches dans les pays mêmes où ces villes sont situées. Avant d'établir les faits, je dois avertir qu'il est très difficile d'obtenir des détails exacts, même sur les lieux (cette difficulté vient de l'effroi des protestants, et de la crainte où ils sont que leur plainte n'ajoute à la rage de leurs oppresseurs).*

Mais ce qui est plus criminel, c'est que le calomniateur ose attaquer un prince que toute la France admire et chérit.

Les ministres du Roi à Paris, dit-il, *furent informés de cette série d'actes iniques par M. . . . . . . , et un Mémoire qu'il rédigea fut mis sous les yeux du Souverain. Une Pétition, dont l'objet était le même, lui fut présentée par ceux qu'on avait chassés de la garde nationale ; le duc* D'ANGOULÊME VISITA PLUSIEURS FOIS NÎMES DURANT LES MASSACRES. TOUTEFOIS, *les* ASSASSINATS CONTINUÈRENT ; *des meurtres furent commis en plein jour et au milieu de la ville ; des maisons furent pillées, et des charrettes chargées de butin, le transportaient sans opposition dans les maisons des spoliateurs.*

Et plus loin on répète encore cette accusation.

Les ministres d'état, comme nous l'avons observé précédemment, LE ROI LUI-MÊME, *étaient instruits de tout et restaient tranquilles.*

Le duc d'Angoulême visitait souvent Nîmes à cette époque, et les massacres continuaient.

On sait en France si le Roi a approuvé les désordres du Midi. On connaît l'ordonnance qui fut rendue dans le temps. Quant à Monseigneur le duc d'Angoulême, ce prince n'est arrivé à Nîmes que le 5 novembre 1815, deux mois après la fin des troubles : ce n'est qu'historiquement que je rapporte ce fait (1).

Le pamphlet de ce révérend anglais a été imprimé en Angleterre ; il a été répandu avec profusion en Allemagne ; quelques exemplaires en sont parvenus en France ; mais l'ouvrage y était peu connu ; il fallait lui donner de la publicité. C'est la *Bibliothèque historique* qui s'est chargée la première de cette honorable tâche.

Le 4e. cahier du 1er. volume de cette *Bibliothèque historique*, contient un long article qui porte ce titre : *Notice sur les protestants du département du Gard, et sur les événements arrivés dans cette contrée en* 1814 *et* 1815 ; et pour qu'on ne doutât pas de l'esprit dans lequel cet article est rédigé, on a choisi cette épigraphe :

Et ce qu'on a trouvé en eux (Messieurs de la justice) de mauvais, c'est qu'ils ont été fort peu doux et gracieux (au moins aucun), à

---

(1) On conçoit que je dois éviter soigneusement de rien dire qui puisse, en ce qui concerne S. A. R., ressembler à une justification ; cela serait plus qu'inconvenant : le Prince est trop élevé pour en avoir besoin.

l'endroit des pauvres huguenots, leurs demi-pères nourriciers, car ils en ont fait mourir (au moins aucun) une infinité par leurs sentences et couteaux de leur exécution, plus pour porter seulement le nom d'hugenots, que pour autres grands sujets. Grande rigueur pourtant, de faire mourir leur bienfaiteur.

(*Vie de l'Amiral de Châtillon*, discours 79, BRANTÔME, page 227, tome 8e., 3e. partie, Lahaie, 1740.)

L'auteur, après avoir analysé fort au long un prétendu rapport qui fut, dit-il, *rédigé pour éclairer l'autorité sur la situation du département du Gard*, ajoute : *Comme il est naturel de penser que l'incrédulité demandera plus d'évidence, que l'esprit de parti contestera l'authenticité de ces faits; afin de répondre aux objections des uns, de repousser les attaques des autres, et de porter la conviction dans tous les esprits, nous publions l'extrait suivant du rapport des commissaires envoyés par les non-conformistes anglais, pour s'assurer de la situation des frères de leur communion dans les provinces du midi de la France. Ce Mémoire est le fruit des recherches les plus exactes faites pendant un séjour de trois mois dans les contrées mêmes où s'exerça la persécution. Nous en supprimons le plus souvent les réflexions; notre but n'étant point de prononcer sur les actes de l'autorité, mais seulement de mettre la nation à même de les juger.*

Dix mille exemplaires ont été publiés à l'étranger.

Quelque graves que soient les faits imputés même à des individus revêtus du pouvoir, aucune réclamation ne s'est cependant élevée. Nous aimons à croire que c'est à l'ignorance seule des inculpations, qu'il faut attribuer UN SILENCE QUE L'HISTOIRE RECUEILLERAIT COMME UN AVEU. *En publiant l'extrait suivant de ce Mémoire*, SI RÉPANDU A L'ÉTRANGER, ET ENCORE SI SECRET EN FRANCE, *notre seule ambition est d'appeler la critique et les observations des contemporains sur des faits qui appartiennent à l'histoire.*

Il était difficile de voiler d'une manière plus hypocrite le but odieux qu'on voulait atteindre, celui de faire connaître le rapport du révérend Perrot. Cet écrit était répandu dans l'étranger à dix mille exemplaires; mais il était secret en France; il fallait qu'il cessât de l'être; il fallait même lui donner de la célébrité en faisant un extrait de tous les faits mensongers qu'il contient, en les resserrant entre eux pour qu'ils produisissent plus d'effet; il fallait ne pas oublier ce qui concerne S. A. R. Monseigneur le duc d'Angoulême, et même donner une teinte de noirceur plus forte à ce passage. Pour connaître jusqu'à quel point on a poussé la perfidie, qu'on veuille bien comparer ce que j'ai cité de l'œuvre du révérend Perrot, avec cette phrase de l'extrait fait par les auteurs de la Bibliothèque historique : *Il y eut des assassinats jusque dans la cour et sous les fenêtres du préfet*, où les protestants avaient cru trouver un asile; telle était l'audace des meurtriers, que les massacres et le pillage continuèrent malgré la présence d'un prince de la famille royale, qu'ils ne craignirent pas d'outrager par des cris de vive le Roi! répétés avec fureur au milieu de leurs excès.* . . . . , etc.

Par ce moyen on était sûr que tous les partisans des idées soi-disant libérales rechercheraient les deux ouvrages cités ; ils n'auront pas trouvé sans doute *le rapport qui fut*, dit-on, *rédigé pour éclairer l'autorité sur la situation du département du Gard.* Car il n'existe pas ; du moins je n'en connais point qui ait menti avec cette effronterie ; mais le lecteur, déçu sur ce premier point, n'a pu l'être également sur le fameux rapport du révérend Perrot ; il sait qu'il a été imprimé à dix mille exemplaires à l'étranger ; qu'on en a fait pénétrer quelques uns en France ; il en cherche ; il en trouve ; il lit l'ouvrage ; il y voit non seulement tout ce qu'a rapporté la *Bibliothèque historique*, mais il y apprend que les protestants calvinistes du département du Gard sont placés sous la plus odieuse persécution ; il y croit, ou feint d'y croire.

Les faits paraîtront d'autant plus certains à ce lecteur, que la notice lui aura appris que les individus inculpés ont gardé le silence ; *que ce silence sera considéré et recueilli par l'histoire comme un aveu*. Quoiqu'on ait voulu dans le temps répondre dans les journaux à l'article de l'*Aristarque*, et que, ne pouvant y parvenir, on ait imprimé plusieurs brochures qui ont été répandues surtout dans le pays.

Le révérend Perrot, après avoir cité les noms des principaux fonctionnaires publics qui ont soumis le département du Gard à l'autorité du Roi, en juin 1815, parle d'une lettre qui aurait été adressée par le commissaire du Roi, le 31 janvier 1816, à S. A. R. Monseigneur le duc d'Angoulême ; et l'auteur de la *Bibliothèque historique* va plus loin : après la notice dont j'ai parlé, il donne une copie d'un long fragment de cette lettre, et annonce qu'il l'extrait du *Courrier* (journal anglais) ; il termine enfin par cette réflexion : *Que l'on compare cette lettre, attribuée à un fonctionnaire* SPÉCIALEMENT CHARGÉ DE PACIFIER LE GARD, *avec les deux rapports qui la précèdent ;.... que l'on relise dans le* Moniteur *la réponse de M. Trinquelague, député du*

Gard, à M. Voyer-d'Argenson, qui, à cette époque, osait élever la voix à la tribune en faveur des protestants.... Sous le régime de la liberté de la presse, de pareilles atrocités n'auraient jamais pu être combinées, ni exécutées, ni démenties, ni justifiées (1).

---

(1) Voici la lettre que M. Trinquelague a insérée dans la *Quotidienne :*

Paris, le 20 mars 1818.

Monsieur,

Informé que j'étais nommé dans une Notice sur les protestants du département du Gard, insérée dans le quatrième cahier de la *Bibliothèque historique*, j'ai voulu m'en assurer; et en effet, après les plus fortes exagérations sur la réaction qui suivit à Nîmes les excès des cent jours, la Notice (page 272) ajoute la phrase suivante :

« Que l'on relise dans le *Moniteur* la réponse de M. Trin-
» quelague, *député du Gard*, à M. Voyer-d'Argenson, qui, à
» cette époque, osait élever la voix en faveur des protestants...
» Sous le régime de la liberté de la presse, de pareilles atro-
» cités n'auraient jamais pu être *ni combinées, ni exécutées,*
» *ni démenties, ni justifiées.* »

Le défaut d'indication de la date ou du N°. du *Moniteur* auquel on renvoie, peut bien faire soupçonner que l'auteur de la Notice se soucie fort peu que l'on fasse le rapprochement qu'il propose. Mais à la fermeté de son assertion, qui oserait douter qu'il n'existe en effet de moi une réponse quelconque à M. Voyer-d'Argenson? Eh bien! c'est à ce point qu'a été poussée la hardiesse des suppositions!

M. Voyer-d'Argenson n'a parlé des protestants du Gard

Avant de poursuivre, qu'il nous soit permis de faire quelques réflexions sur ce libelle d'un étranger, qu'on s'est chargé de publier en France.

On a lieu de s'étonner que ceux qui se disent si éminemment français et patriotes, approuvent l'ouvrage de ce révérend Perrot, dans lequel on accuse la France et son gouvernement de persécuter ou de souffrir qu'on persécute une classe d'hommes pour leurs opinions religieuses. Cette imputation est d'autant plus grave que, si elle était fondée, le gouvernement, en exerçant cette persécution, serait coupable, puisque la Charte assure à tous les Français la liberté de leur culte; si cette persécution était l'œuvre d'un parti catholique que le gouvernement ne pût réprimer, ce gouvernement serait d'une telle faiblesse qu'il ne devrait inspirer aucune confiance ni à ses administrés, ni aux étrangers. On accuse

---

dans la chambre des députés, que dans la séance du 23 octobre 1815. Que l'on lise dans le *Moniteur*, N°. 297, pag. 1170, les détails de cette séance; et l'on n'y trouvera ni *réponse*, ni même mention de moi. Ce fait est facile à éclaircir, et il pourra faire juger de la foi qu'il faut ajouter aux assertions de cet ouvrage.

Veuillez bien, Monsieur, je vous prie, donner à ma lettre la publicité de votre journal, et agréer l'assurance de ma considération particulière.

TRINQUELAGUE, *député du Gard.*

donc, dans cet écrit, et une portion des Français, et le gouvernement, de ne point exécuter la Charte, de la violer même ouvertement; et pour qu'on ne doute pas que c'est bien dans cette intention que l'Anglais a rédigé son libelle, nous citerons encore ces passages :

Dans le dix-neuvième siècle, la superstition et le fanatisme se sont étudiés à surpasser les crimes qui se sont commis aux époques les plus malheureuses et les plus tristes; les descendants des martyrs et des confesseurs des églises françaises protestantes ont été choisis et marqués pour victimes. La chose s'est passé dans un coin : publions-la sur les toits.

Cette absurdité dégoûtante ne mérite pas de réfutation ; mais on voit qu'on voulait cependant *la publier sur les toits*. Le révérend Perrot pouvait, sans danger pour la France, répandre cet acte de déraison en Angleterre, en Allemagne, parmi ceux qui y auraient cru, ou les hypocrites qui auraient fait semblant d'y croire ; mais comment l'eût-il *publié sur les toits* en France, sans le secours de la *Bibliothèque historique*, et même de l'ouvrage du même genre, intitulé *la Minerve*?

Il continue :

Et si nous ne pouvons sauver de la destruction ni leurs personnes ni leurs biens (les biens et les personnes des protestants), *faisons connaître leurs souffrances, et rendons à leur caractère l'honneur public qu'il mérite.*

Lors du premier avènement de Louis XVIII au trône de ses ancêtres, lorsqu'une Charte constitutionnelle fut donnée à la France, on essaya de faire tomber les protestants du niveau où ils se trouvaient avec lès catholiques, en ne leur donnant dans la Charte que le nom de secte tolérée. Cette tentative fut déjouée par la fermeté d'un protestant noble, qui ne put toutefois empêcher les auteurs de la Charte de déclarer la religion catholique la seule religion de l'État.

Que le révérend Perrot ignore que tous les cultes sont tolérés en France, que le culte protestant y est même payé par le gouvernement, qu'il ignore que si la religion catholique est déclarée être la religion de l'État, par un autre article de cette Charte, tous les Français sont admis à tous les emplois, quelle que soit leur religion; qu'il l'ignore, dis-je, cela est possible, parce qu'il n'est pas Français, quoique cela soit peu séant dans un écrivain qui devrait connaître au moins la matière sur laquelle il établit sa discussion.

Mais quel droit a ce révérend Perrot, cet anglais non-conformiste, de venir chez nous, d'y recueillir des notes, de prétendre que des Français sont persécutés par le gouvernement, ou par une partie de la nation, sans que le gouvernement s'y oppose? Quel droit a-t-il de citer le peuple français et son gouvernement devant son assemblée de non-conformistes étrangers? Cela est certes très ridicule; et, de plus, il est odieux que des Français, non seulement ne soyent pas révoltés de cet acte de démence, mais qu'ils l'approuvent et qu'ils le publient autant qu'ils le peuvent. Que prétendent ces indignes Français, quelle que soit leur croyance religieuse? Est-ce de reconnaître la juridiction d'une assemblée de non-conformistes anglais? De traduire devant ce grave tribunal étranger, la France et son gouvernement? Ce serait une lâcheté. Quel est l'homme qui ne sent pas tout son sang bouillonner, quand il voit que l'esprit de parti aveugle certains hommes au point de leur faire sacrifier l'honneur et l'indépendance nationale? Ou ces hommes d'un parti trop connu, veulent-ils, en déplorant des malheurs imaginaires, faire entrer dans leurs vues les protestants français, pour les unir par un pacte fédératif, avec d'autres factieux des différents pays de l'Europe? C'est trop nettement dévoiler les projets des propagandistes de la république universelle.

La *Minerve française*, ouvrage écrit dans le même esprit que la *Bibliothèque historique*, n'a pas laissé échapper cette occasion de calomnier le gouvernement et les royalistes, en concertant ses mesures; mais plus perfide que l'autre libelliste, et moins maladroite, elle a compris tout le danger de publier en France, avec une sorte d'approbation, l'ouvrage d'un étranger, dont elle devrait répondre, puisqu'il est condamnable; de présenter comme vrais des faits exagérés et controuvés. Aussi, après avoir prévenu ses lecteurs que la *Bibliothèque historique a donné un précis des événements de* 1815, *dans le département du Gard,* elle ajoute: *J'épargne à mes lecteurs ce tableau, dont toutes les fureurs politiques et religieuses ont formé les traits. Je veux même croire que le narrateur exagère lorsqu'il écrit que la terreur dure encore, que les émigrations continuent, qu'une persécution sourde a remplacé les proscriptions; je dois surtout révoquer en doute cette phrase attribuée à un fonctionnaire public: il est absolument indispensable que l'un des deux partis soit définitivement* ANÉANTI; *c'est la seule mesure qui puisse rétablir la tranquillité.*

Ce rédacteur a raison de soupçonner qu'il y a beaucoup d'exagération dans le récit des faits; il a bien plus raison encore de révoquer en doute la phrase citée de la lettre insérée dans un journal anglais: car cette lettre, telle qu'elle est rapportée dans la *Bibliothèque historique*, n'a jamais été écrite à S. A. R., qui n'aurait pas manqué de s'indigner qu'on lui eût adressé un rapport où le mot ANÉANTI fût encadré, comme il l'est dans cette phrase. Une lettre a été adressée à Monseigneur le duc d'Angoulême : voilà tout ce qu'il y a de vrai dans ce récit. Mais qui a vu cette lettre? Qui est en état de la produire, ou d'en produire seulement une copie qui aurait été faite sur l'original? Et quand une main infidèle en aurait livré une copie, il a fallu la traduire du français en anglais, pour l'insérer dans le *Courrier* de Londres, et ensuite la traduire encore de l'anglais en français. En faut-il davantage quand deux traducteurs travaillent successivement dans deux langues différentes un même ouvrage, quand ces traducteurs sont animés d'un même esprit de parti, pour que la dernière copie, quoiqu'en français, soit tellement défigurée qu'elle ne ressemble en rien à l'original; pour que le résidu de ces traductions successives soit plutôt l'ouvrage des traducteurs que la version de l'ouvrage primitif.

Les rédacteurs de la *Minerve française* sont trop bien informés pour n'avoir pas fait cette réflexion, ou pour mieux dire, leur article prouve qu'ils l'ont faite, et qu'ils se sont bien aperçus que la *Bibliothèque historique* publiait une pièce évidemment falsifiée, qu'elle commettait une grossière imposture; aussi se sont-ils avisés de révoquer en doute l'existence de la phrase à laquelle ils s'arrêtaient; cependant ils ne l'ont pas moins publiée et commentée. *Cette phrase*, disent-ils, *ne serait pas seulement d'un tigre, mais d'un* SOT. Hé bien, elle est de ces Messieurs! *car il n'est pas de force humaine*, continuent-ils, *qui puisse anéantir définitivement un parti. Du milieu des cadavres déchirés et des cendres fumantes, s'élève tout-à-coup ce cri terrible :* EXORIARE ALIQUIS! *et le vengeur paraît.*

L'image est belle sans doute, et surtout bien placée! On voit que c'est pour nous parler d'un vengeur qui paraîtrait. Ils finissent par cette conclusion :

Au reste, ni les attentats, ni les sophismes de la fureur ne doivent étonner celui qui a fait dans l'histoire la triste étude du cœur humain; mais une scène peut-être unique dans l'histoire, c'est une assemblée de législateurs se levant presque tout entière, transportée d'indignation contre un de ses membres qui s'apprête à lui retracer de telles horreurs, comme s'il profanait par ses plaintes le culte de la vengeance; il me semble qu'il y a dans ce mouvement un genre de sublime épouvantable.

Ainsi tout ce fatras indigeste du rédacteur de

la Minerve avait pour motif d'arriver à cette conclusion, qu'un député a voulu, dans la chambre, dénoncer tout ce qui s'est passé dans le département du Gard, et qu'il n'a pu se faire entendre.

On voit avec quelle adresse le révérend Perrot, *la Bibliothèque historique* et *la Minerve* s'entendent et s'unissent pour calomnier ceux qui sont restés fidèles à la cause du Roi. C'est au milieu des discussions sur les troubles de Lyon en 1817, qu'on rappelle les événements du Gard en 1815. On veut décourager les partisans de la légitimité, pour le moment actuel et pour l'avenir; c'est sur les marches du trône légitime qu'on voudrait les immoler. L'histoire, en nous racontant toutes les révolutions qui ont agité les peuples et bouleversé les empires, nous trace des tableaux assez uniformes. Le parti vaincu, quoique défendant la plus juste cause, a souvent succombé aux fureurs du parti vainqueur. Mais ce qui serait sans exemple, c'est que les amis fidèles d'un Roi replacé sur son trône, fussent sacrifiés à la haine de ceux qui ont osé proscrire ce monarque.

Parmi ces écrivains menteurs, dont les intentions ne peuvent être douteuses, il en est un (et celui-là est anonyme) qui est auteur d'une brochure ayant pour titre : *Marseille, Nîmes et ses environs, en 1815, par un témoin oculaire.*.

Nous passons dans cet écrit, tout ce qui concerne la ville de Marseille : d'autres témoins oculaires se sont chargés de la justifier; et leur récit, auquel on n'a pas donné, comme l'a fait le témoin oculaire accusateur, un cadre mélodramatique, conserve un air de vérité frappant (1).

Pour faire connaître par un seul trait quelle est la bonne foi que développe dans sa narration l'homme témoin oculaire qui a voyagé, dit-il, de Marseille à Nîmes pendant les troubles, et que le hasard a placé avec sa femme, un ami, et des pistolets à doubles coups, au centre de tous les événements, il suffit de remarquer que, sous sa plume, et par un heureux choix d'expressions, le pillage des propriétés des royalistes, les mauvais traitements exercés sur les volontaires royaux, les massacres de ceux d'entre eux qui ont été surpris isolément, ne sont que *des procédés peu délicats*.

Il était certes bien difficile d'avoir une touche plus légère, quand on était obligé de faire un pa-

(1) Voyez la brochure *Marseille et Nîmes justifiés*, ou réponse au libelle intitulé : *Marseille, Nîmes et ses environs, en* 1815, par des témoins oculaires.

reil aveu. Mais l'auteur broye les plus sombres couleurs pour retracer les faits vrais, ou ceux dont l'existence est contestée, ou ceux enfin dont il est bien évident qu'il est l'inventeur.

DONNER LE NOM, dit-il, *de toutes les maisons pillées, dévastées, brûlées dans ces jours et les suivants, serait une chose trop longue à faire, et je n'ai pas entrepris un volume.*

L'exagération est, on le sait, un des traits caractéristiques des pamphlétaires; mais comment qualifier celle-ci? ..... Ne dirait-on pas quand il nous parle d'un volume composé de noms, que la ville de Nîmes n'était, au bout de deux jours, qu'un monceau de cendres et de décombres. Les amplifications révolutionnaires de Barère n'ont jamais été plus folles.

Ce qui émeut profondément la sensibilité de cet écrivain, c'est le supplice de deux ou trois révoltés pris les armes à la main par les Autrichiens, au combat de Boucairan. L'auteur, toujours témoin oculaire, n'hésite pas à affirmer que ce furent les autorités royales qui firent passer ces prisonniers par les armes.

Voici la vérité sur ce fait, telle que le rapporte M. d'Arbaud-Jouques dans sa Réfutation du pamphlet du sieur Perrot, page 161.

Dans le combat qui eut lieu entre Ners et Boucairan, sur les bords du Gard, le 25 août

1815, *entre les troupes royales et les troupes impériales d'Autriche réunies contre les insurgés de la Gardonenque et des Cévennes, trois hommes furent faits prisonniers par les Autrichiens au moment même où ils tiraient sur les troupes autrichiennes. Conduits par un détachement autrichien devant le général comte de Stharemberg, les autorités françaises furent prévenues par ce général que ces prisonniers appartenaient à l'armée autrichienne et à sa justice militaire, et que, d'après les lois de cette justice, des habitants révoltés contre l'autorité légitime et pris les armes à la main contre des troupes de ligne, ne pouvaient être considérés comme des prisonniers de guerre, et auraient dû être fusillés sur le champ de bataille même. Il n'y eut donc aucune commission formée pour les juger, ni française, ni autrichienne: l'ordre du général comte de Stharemberg fut leur seul jugement.*

On conçoit parfaitement qu'il importe fort peu au sensible auteur anonyme de *Marseille et Nîmes en* 1815, que ces rebelles aient été ou non fusillés; mais il a vu dans cette circonstance un moyen de glisser une calomnie, et il s'en est de suite emparé (1).

---

(1) Comment un témoin *oculaire* n'a-t-il pas connu la vérité sur ce fait, et a-t-il copié servilement l'ouvrage du révérend

Il se complaît surtout à raconter une scène aussi atroce que hideuse dans ses détails; de laquelle on devrait conclure, si elle était vraie, que cet homme si compatissant et si facile à émouvoir, n'est pas doué d'un grand courage.

Il prétend qu'à minuit (il ne dit pas à quelle époque) il travaillait auprès de sa femme; tout-à-coup il entend un grand bruit, on battait la générale; il sort, et il apprend qu'on égorge partout; il rentre *prudemment* en rasant les murailles et en suivant l'ombre; derrière lui deux hommes armés de fusil entraînaient un malheureux; notre *témoin oculaire* pousse la porte; il monte sur un arbre; le *feuillage me cachait*, dit-il; *appuyé sur le mur, je pouvais tout observer sans être aperçu*. De là il a vu la scène la plus horrible qui puisse effrayer l'imagination d'un mortel.

Un malheureux à genoux, dont le front dégouttait d'une sueur froide, demandait la vie, au nom de sa femme et de ses enfants, à deux assassins

---

Perrot, lequel convient du moins qu'il n'a écrit que sur des ouï-dire? Maintenant on oppose ce dilemme à cet écrivain, auteur de *Nîmes et Marseille*, *en* 1815. S'il a été témoin oculaire, il mentait sciemment en copiant l'auteur anglais; s'il a ajouté foi à ce qu'a dit cet étranger, il a pu être abusé; mais il mentait sciemment, quand il annonçait qu'il a été témoin *oculaire*.

qui prenaient le barbare plaisir d'insulter à leur victime. *Te voilà dans nos mains,* lui disaient-ils, *nous allons te tuer: que Buonaparte vienne te tirer d'ici.* Et ce dialogue a fini par deux coups de fusil que le malheureux a reçus, l'un dans la tête, l'autre dans les reins. Les assassins se retirent en rechargeant leurs armes. L'anonyme témoin *oculaire* descend alors de son arbre, s'approche de l'homme qui vivait encore et qui poussait des *gémissements sourds*; il essaye de le soulever, et il voit trop que les blessures *faites à bout-portant étaient sans remède.* Après cette prudente observation, il repose à terre le blessé, le laisse et rentre, parce qu'une patrouille de la garde nationale s'avançait; il se cache de nouveau: il entend encore un plus atroce dialogue et cinq ou six coups de fusil qui terminent la vie du moribond. Il nous parle ensuite des insultes que la populace a exercées le lendemain sur ce cadavre, et il termine par ces trois mots...... *Je l'ai vu!* Ce récit ferait dresser les cheveux d'horreur, si l'exagération outrée n'était pas voisine du ridicule.

Non, l'anonyme n'a pas vu ce qu'il raconte; et comme il le raconte, l'invraisemblance s'attache à son récit et le tue. Il n'y a pas sur la terre un homme qui soit capable de rester immobile, appuyé sur un mur, perché sur un arbre, et caché par un feuillage pendant une pareille scène.

Quelque *prudent* qu'il fût, un gémissement au moins lui serait échappé. L'anonyme était vraisemblablement armé de ces *pistolets à doubles coups* qu'il avait apportés de Marseille, puisqu'il se hasardait de nuit pendant *que l'on égorgeait de toutes parts*; il pouvait faire usage de ses armes, et effrayer les assassins; il pouvait sortir, s'unir à l'homme qu'on assassinait, et les forces étaient égales: mais *il eût appelé sur lui une nuée d'égorgeurs!* dit-il. Quand cela serait, je ne croirai jamais que, dans une pareille situation, un homme ait été assez maître de lui pour calculer froidement toutes les chances, pour observer avec autant de tranquillité les longues angoisses d'un malheureux. S'il était possible qu'un pareil homme existât, il ne serait qu'un lâche insigne, il se cacherait à lui-même, il ne raconterait pas une pareille turpitude, il ne l'écrirait pas surtout, ou la honte et le repentir lui arracheraient la plume des mains. Jusqu'où va l'aveuglement que produit l'esprit de parti! Si l'on ne peut pas écrire une telle vérité, on peut inventer une pareille fable!...... Il y a des hommes qui ont quelque chose d'atroce dans l'imagination, et qui se complaisent à arranger de sombres détails pour arriver à l'effet que produiront ces mots : *Je l'ai vu !*

Ce ne sont là que des faits odieux qui ne

peuvent, dans leurs attributions du moins, tomber sur personne particulièrement; mais il est d'autres assertions qui composent des calomnies punissables, comme celles par lesquelles l'auteur anonyme suppose que, pendant les massacres de cette nuit, le préfet et le commissaire général de police ont volontairement sommeillé jusqu'au lendemain, malgré le tumulte, la générale, les cris et les coups de fusil (page 67). M. d'Arbaud-Jouques, ex-préfet du Gard en 1815, 1816 et 1817, a également repoussé cette calomnie dans sa Réfutation (pages 162 et 163). On voit trop *que le témoin oculaire* a une de ces plumes qui, pesantes dans leur marche, décèlent la honteuse chaîne qu'elles sont obligées de traîner.

L'exposé rapide des faits que nous avons mis sous les yeux de nos lecteurs, parce que des faits répondent mieux aux calomnies que des raisonnements, prouve que la mission donnée aux commissaires-extraordinaires du Roi dans le Midi, n'était pas seulement *une mission pacifique* qui tendît à régulariser l'autorité légitime. Cette autorité était méconnue à cette époque; les royalistes soumis étaient sous l'oppression du parti révolutionnaire; il fallait réunir ces royalistes, relever leurs espérances, les armer, leur créer des moyens, leur faire secouer le joug, ressaisir la supériorité, et arracher ces provinces à l'usurpation; et si les événements qui se préparaient dans le Nord eussent eu une fâcheuse issue, ces provinces méridionales eussent fini par former une *nouvelle Vendée*; les événements ont amené une série de circonstances favorables : l'attitude du Midi a démenti du moins ces écrivains payés pendant les cent jours, qui répandaient que la majorité des Français ne voulaient pas retourner sous le gouvernement du prince légitime; et ne faut-il pas convenir que, lorsque ces commissaires-extraordinaires abordaient furtivement en France le 15 juin, Buonaparte était empereur de fait? ne jouissait-il pas de la plénitude de son pouvoir? n'était-il pas à la tête d'une armée formidable, qui, si elle n'eût échoué après une bataille des plus sanglantes et la plus disputée dont l'histoire fasse mention, pouvait encore changer la situation politique de l'Europe?

Loin du théâtre de ces grands événements, les royalistes du Midi n'ont-ils pas au moins la gloire d'avoir réuni leurs efforts pour faire triompher la plus juste des causes? Modeste dans l'accomplissement de ce devoir sacré, ce peuple n'a pas trouvé de plumes disposées à publier le mérite de son dévouement, comme ses ennemis en ont emprunté pour déverser sur lui le poison de la calomnie. Si j'étais seul attaqué dans ces libelles, j'aurais pu garder le silence, j'aurais pu faire ce sacrifice, je l'aurais mis au pied du trône avec les actes de dévouement dont je m'honore; mais une population généreuse, qui s'est réunie à ma voix, est calomniée; ces braves Français sont outragés parce qu'ils ont suivi les pas d'un fils de France qui déployait l'étendard des lis, et parce qu'ils ont relevé dans leur pays cette bannière sans tache : ce serait lâcheté de ne pas les défendre; je ne me sépare pas d'eux, je fais gloire de compter dans leurs rangs, parce que j'y ai vu fidélité, dévouement et honneur; parce que je sais que, comme les braves Vendéens, ces hommes ne manqueront jamais au jour du danger.

P. S. Cet ouvrage était sous presse quand la seconde partie de l'écrit intitulé : *Marseille, Nîmes et ses environs en* 1815, est tombée sous ma main. L'auteur, conseillé par *la Minerve française*, a levé le voile de l'anonyme dont il s'était enveloppé jusqu'alors. Il s'appelle M. *Durand*. Mais il y a tant de Durand ! Ce témoin oculaire qui a une femme, des enfants, qui voyage avec des pistolets à doubles coups, qui voit tout, tantôt caché dans un chemin creux ou dans une vigne, tantôt perché sur un arbre, est sans doute un homme qui, par son âge, son caractère, son état dans le monde, commande la confiance ; car si c'était un jeune homme de vingt-deux à vingt-trois ans, nouveau Télémaque protégé par la *Minerve française*, le lecteur serait un peu honteux d'avoir cru légèrement sur la foi d'une pareille autorité.

Cet écrivain est d'une grande modestie ; il nous raconte avec complaisance comment *la Minerve* lui a conseillé de décliner son nom. *En ne se nommant pas, l'auteur ne peut rester inconnu à ses ennemis, et il échappe à l'estime des autres.* Ainsi M. Durand est maintenant connu de ses ennemis, si ses brochures lui en ont faits ; mais il est sûr de ne plus *échapper* à l'estime.

En tête de cette seconde partie, on voit la gravure de Jacques *Dupont*, dit *Trestaillon*. On va croire que c'est un embellissement que l'auteur a ménagé à son ouvrage. Cet auteur nous apprend qu'il n'en est rien. Cette gravure a été faite d'imagination peut-être par un artiste que M. Durand ne connaît pas, mais qui avait lu la première partie de son ouvrage, et qui a éprouvé le besoin de buriner un des portraits qui y sont dessinés. Voilà pourquoi cette gravure enrichit la seconde partie : et cela est comme on voit très vraisemblable!

Quant à ce Trestaillon dont il aime tant à parler, je dois dire qu'il ne faisait pas partie de l'armée royale à Beaucaire. Cet homme possédait une petite vigne. Dans les cent jours, et parce qu'il avait professé des sentiments royalistes, on a ravagé son patrimoine; les ceps ont été arrachés; on les a replantés par la tête en mettant les racines en l'air : cela a pu l'exaspérer. Quand les royalistes ont secoué le joug de l'oppression, il a formé une compagnie franche, à la tête de laquelle il marchait. Il est bien vrai qu'on lui a reproché d'avoir commis des crimes; mais il a été traduit devant une cour d'assises à Clermont, loin de son domicile, et acquitté.

Que M. Durand prétende que les jurés ont eu tort d'absoudre cet homme; qu'il prétende que ces jurés étaient animés d'un esprit de parti, cela ne m'étonnerait pas : on ne respecte pas plus aujourd'hui les décisions des jurés que les jugements des tribunaux. Mais avec une pareille morale publique, jusqu'où ne peut-on pas entraîner un peuple !

Pourquoi l'auteur anonyme de la brochure intitulée : *Nîmes, Marseille et ses environs, en* 1815, a-t-il, en se nommant, écrit cette seconde partie, qui n'était pas promise lors de la publication de son ouvrage, qui n'y fait pas suite, et qui ne fournit aucun fait nouveau? Est-ce parce que cette première brochure *a*, comme il le dit, *Dieu merci, couru le monde?* Est-ce pour se justifier du reproche qu'on lui a fait d'être resté tranquille spectateur de l'assassinat dont il a donné les détails? Est-ce pour nous prouver qu'il a écrit avec une grande modération?

Que sa brochure ait *couru le monde*, qu'il se glorifie du succès qu'il prétend qu'elle a eu; je ne lui conteste rien à cet égard. Qu'il se nomme pour jouir de la gloire attachée à ce succès; il le peut. Que personne n'imagine que le signataire un peu jeune, soit dans cette circonstance le prête-nom d'un écrivain plus important, qui cache son nom, sa plume et son talent; je ne l'imagine pas non plus, et je reste convaincu que M. Durand, signataire de cette seconde partie, a une femme, des enfants, un ami, etc., et qu'il a bien composé cette première brochure et cette seconde partie.

Quant à sa modération, il en parle si souvent qu'on serait tenté de croire qu'il a compris que son ouvrage avait besoin d'être justifié du reproche d'exagération.

Sous le rapport de l'utilité, cette seconde partie lui a paru indispensable. Il donne une liste des personnes qui ont péri. Ce n'est pas précisément du nouveau, mais c'est une ampliation de détails. Je ne veux pas l'imiter, et donner dans ce post-scriptum, les noms de tous les volontaires royaux qui ont été assassinés, et traîner l'imagination de mes lecteurs sur les détails de ces scènes atroces. Tant d'écrits en ont parlé (1)! Mais je dois lui dire qu'il ment spécialement quand il prétend que les autorités désignées par moi, ont voulu rester installées malgré les nouvelles nominations faites par le Roi. La vérité est qu'aussitôt qu'on a connu la nomination de M. le marquis d'Arbaud-Jouques, comme préfet, M. de Calvière s'est empressé de lui expédier un envoyé à Avignon, pour l'inviter à prendre de suite possession de la préfecture. On l'a trouvé en route; il est arrivé à Nîmes, et a été installé aussitôt.

La *Bibliothèque historique* avait dit, en parlant des excès qui ont été les suites de ceux commis contre les royalistes pendant les cent jours :

« Que l'on relise dans le *Moniteur* la réponse

---

(1) *Voyez*, entre autres ouvrages, celui qui a pour titre : *Exposé des crimes et attentats commis par les assassins de la commune d'Arpaillargues, dans la journée du* 11 *avril* 1815, contre les volontaires royaux composant l'armée de S. A. R. Mgr. le duc d'Angoulême, avec l'arrêt rendu contre eux par la cour d'assises du Gard; Avignon, chez Fr. Seguin aîné, rue Bouquerie, N°. 7. (1816.)

» de M. Trinquelague, député du Gard, à » M. Voyer-d'Argenson, qui, à cette époque, » osait élever sa voix à la tribune, en faveur des » protestants..... Sous le régime de la liberté de » la presse, de pareilles atrocités n'auraient » jamais pu être ni combinées, ni exécutées, » ni démenties, ni justifiées. »

M. de Trinquelague a démenti cette imputation personnelle, en prouvant par le *Moniteur* lui-même, qu'il n'y avait eu de sa part aucune réponse à M. Voyer-d'Argenson.

Aujourd'hui, pour justifier la *Bibliothèque historique*, M. Durand rapporte un extrait du *Moniteur* du 7 janvier 1816, où l'on voit que Trinquelague propose « d'étendre l'am» nistie aux crimes et délits contre des parti» culiers, *qui ont été la suite ou de l'entreprise* » *de l'usurpateur*, ou de la réaction qui en est » résultée, *sauf les dommages et intérêts.* »

Mais d'abord, cette proposition d'amnistie n'a rien de commun avec cette prétendue réponse de M. Trinquelague à M. Voyer-d'Argenson, élevant sa voix en faveur des protestants.

Ensuite, proposer d'étendre l'amnistie aux crimes et délits contre des particuliers, ce n'est ni les *démentir*, ni les *justifier*.

Enfin, cette proposition embrassait les crimes

et les délits commis pendant les cent jours, aussi bien que ceux de la réaction. M. Trinquelague aurait voulu que tous les crimes qui avaient pris leur source dans nos discordes politiques, tant ceux commis par les protestants, que ceux dont ils avaient été victimes, fussent couverts du voile de l'oubli. Il croyait que pardonner à tous, pouvait devenir un moyen de rapprochement. Il craignait que des investigations, des poursuites et des débats judiciaires n'aigrissent encore les dissensions et les haines. Et cette pensée semblait bien pouvoir s'accorder avec les vues d'une loi qui voulait, par la clémence, mettre un terme aux malheurs de la révolution.

Tout cela prouve combien sont fausses les allégations, les raisonnements et les citations de M. Durand. Il ne me reste plus qu'à conseiller à cet écrivain d'avoir de la mémoire quand il voudra faire de semblables brochures. La mémoire est indispensable quand on invente, et qu'on donne son invention pour la vérité.

Au surplus, M. d'Arbaud-Jouques a répondu à l'ouvrage du révérend Perrot, dont la *Bibliothèque historique, la Minerve française*, et le protégé de celle-ci, M. Durand, ne sont que les copistes amplificateurs; cet ancien préfet dit, qu'en marge de tous les faits racontés par l'Anglais, on peut mettre *exagération*, ou *fausseté* et *mensonge* : c'est la meilleure réponse à faire aux deux parties de l'ouvrage de M. Durand.

FIN.

www.ingramcontent.com/pod-product-compliance
Ingram Content Group UK Ltd.
Pitfield, Milton Keynes, MK11 3LW, UK
UKHW021109200726
13857UKWH00003B/1139

9 782012 965003